更好的投资才有

更宽裕的传承

冯玮瑜

玮瑜说 收藏

*Weiyu's Tales of Collections*

邂逅不寻常的

冯玮瑜 —— 著

*An* UNUSUAL
ENCOUNTER

SPM
南方传媒 | 广东人民出版社
· 广州 ·

**图书在版编目（CIP）数据**

　　不寻常的邂逅：玮瑜说收藏 / 冯玮瑜著. -- 广州：
广东人民出版社, 2025. 3. -- ISBN 978-7-218-18367
-1

　　I . G262

　　中国国家版本馆CIP数据核字第2025VV1180号

BU XUNCHANG DE XIEHOU: WEIYU SHUO SHOUCANG

**不寻常的邂逅：玮瑜说收藏**

冯玮瑜　著

出 版 人：肖风华

责任编辑：黄洁华　陶潇潇
责任技编：吴彦斌　赖远军

出版发行：广东人民出版社
地　　址：广州市越秀区大沙头四马路10号（邮政编码：510199）
电　　话：（020）85716809（总编室）
传　　真：（020）83289585
网　　址：http://www.gdpph.com
印　　刷：广东信源文化科技有限公司
开　　本：787毫米×1092毫米　1/16
印　　张：17.5　　字　　数：200千
版　　次：2025年3月第1版
印　　次：2025年3月第1次印刷
定　　价：128.00元

**冯玮瑜**

广州市当代艺术研究院院长
华南师范大学客座研究员
暨南大学客座研究员
广东文艺职业学院客座教授

作家、艺术家、收藏家兼著名学者冯玮瑜，在文物研究、文学创作、文化传播以及财经领域皆有所成。

她身为著名收藏家，2017年，作为主角之一参与拍摄的大型纪录片《你所不知道的中国》（第三季），由英国广播公司（BBC）和江苏卫视联合同步首播，播出后在国内外引发强烈反响。2022年，其作为主角之一的日本NHK电视台纪录片《清朝秘宝——100年的变迁》在日本热播，备受好评，且多次重播。冯玮瑜始终致力于弘扬、传播中华优秀传统文化。

作为作家，2017年冯玮瑜推出《你所不知道的中国收藏》，为众多读者开启收藏致富之门。2018年，其著作《藏富密码》为广大读者点亮"收藏理财"之路。2023年，《时间的玫瑰》《香江藏富》两部著作进一步传播收藏投资理念。她打造的"冯玮瑜亲历收藏系列"丛书，带领读者走进收藏理财的真实故事，获《南方日报》《羊城晚报》《广州日报》、腾讯网、雅昌艺术网等诸多权威媒体跟踪报道，在文博界、收藏界和财经界广受赞誉。

作为学者，冯玮瑜编著了一系列学术书籍，还举办了400多场财经、艺术、文化讲座。

作为艺术家，冯玮瑜为传承与发展国家级非物质文化遗产及中国传统制陶技艺，投身陶瓷艺术创作与研究，将当代艺术理念融入其中，创作出"瑜窑""星垂大漠""花间集""敦煌故事""千华万华"等当代艺术系列作品，立足现代审美，跨越区域、传统及创作门类界限，为传统艺术注入新观念，从理论到实践推陈出新，形成独特艺术风格，闪耀时代光彩。

# 冯玮瑜编著系列书籍

《时间的玫瑰》《藏富密码》《自得堂藏陶》《御案存珍——竹月堂、明成馆、自得堂藏清初三代御窑单色釉文房瓷器展览》《黄承天德——明清御窑黄釉瓷器出土与传世对比珍品展》《五色祥云——自得堂藏宋元明清单色釉瓷器》《你所不知道的中国收藏》《香江藏富》

国内知名收藏家、自得堂主人冯玮瑜受国内多家机构邀请举办个人藏品展览，具体如下：

### 广州·广东省博物馆"自得堂藏陶"展览

2014年1月，广东省博物馆举办该展览，这是其首个石湾陶塑个人收藏展览，同期出版《自得堂藏陶》一书。

### 北京·中国嘉德"自得堂藏陶——原作掇英"展览

2015年9月，中国嘉德于北京专为冯玮瑜的石湾陶塑藏品举办此展览。

### 北京·中国嘉德"皇家气象——明清御窑黄釉器特展"

2016年5月，中国嘉德在北京为冯玮瑜收藏举办该展，系中国内地私人藏家首次序列化、系统化收藏并展出明清御窑黄釉瓷器，在收藏界引发轰动。

### 景德镇·中国陶瓷博物馆"黄承天德——明清御窑黄釉瓷器珍品展"

2017年10月，应景德镇市人民政府邀请举办，是国内首次由国有博物馆、考古研究所、私人藏家共同举办的明清御窑传世品和考古发掘品对比展览，极具学术意义，获文博界与收藏界好评与关注，还出版了相关书籍。

### 广州·广东省博物馆"五色祥云——自得堂藏宋元明清单色釉瓷器特展"

2018年7月，广东省博物馆举办此展，为其首次为个人藏家举办的单色釉瓷器展览，受多家媒体跟踪报道，社会反响巨大，同时发行同名书籍。

### 北京·首都博物馆"黄釉瓷器的前世今生"展览

2021年5月举办。

### 香港·香港会议展览中心"御案存珍——竹月堂、明成馆、自得堂藏清初三代御窑单色釉文房瓷器展览"

2022年10月，中国嘉德（香港）在香港会议展览中心举办该展，是全球首个成体系以景德镇御窑厂所制单色釉官窑文房器物为主题的展览，且出版同名书籍。

# 我认识的收藏与鉴赏家冯玮瑜

曹建文

景德镇陶瓷大学考古文博学院教授、博士生导师

景德镇市东方古陶瓷研究会执行会长

认识玮瑜已有多年了，记得第一次见到玮瑜，感觉她像是一位很纤弱的女子，但是言谈之后就会感觉到她那眉宇间的英风侠气，让人眼前一亮，印象深刻。后来接触渐多，愈加感受到她的干练和大度，她待人处事，每每让人深为折服，真可谓"陌上人如玉，公子世无双"。

盛世兴收藏，玮瑜是我国改革开放以后成长起来的一位年轻收藏家，她的中国古陶瓷收藏之丰富，藏品之精美，眼光之独特，让人赞叹不已，并在业内有着广泛的影响和一定地位。

2017年10月玮瑜与景德镇中国陶瓷博物馆、景德镇市陶瓷考古研究所三家联合举办"黄承天德——明清御窑黄釉瓷器珍品展"，我是博物馆的特聘鉴定专家之一，有机会亲自到广州对玮瑜自得堂的收藏展品进行了详细、认真的鉴定，对她的藏品有了真正的认识和感受。后来每次经过广州，我都会到"自得堂"拜访，玮瑜也会拿出她近期新收入的藏品，让我上手饱览，我们一起品评鉴藏，一起交流学习。

特别让人感动的是，玮瑜乐于分享，把自己收藏的过程和知识无私地分享给大家，无论是器物的鉴定知识还是拍卖技巧，甚至入藏过程曲折有趣的故事，都让大家在快乐的阅读中学到不少有用的知识。这就是几年来"冯玮瑜亲历收藏"系列丛书以及"玮瑜说收藏"系列丛书的独特之处。

玮瑜年纪虽轻，却遍历四方，知识丰富，学养深厚，不尚空谈。她书本里的鉴藏知识，都是建立在自己亲身实践、体验基础上的，有根有据，这一点是很多过往著述、辞书里搜寻不到，却又是足以垂之后世的切实有用之学。玮瑜非常谦虚好学，博闻强记，家藏图书资料十分丰富，同时又注重实践的学习，经常考察景德镇及全国其他窑址，遍访名师。所以她有今日的成就，不是凭空而来的，九尺之台，起于垒土。

"是真佛只说家常"，玮瑜传播的收藏理念和方法深刻、精辟，同时又通俗易懂、深入浅出，这是难能可贵的。玮瑜的"冯玮瑜亲历收藏"和"玮瑜说收藏"系列丛书以诗意的文笔和女性的细腻情感反映了作者独特的收藏历程和生动有趣的收藏故事。看她的书，如同看人间百态，看历史风云，看文人雅趣，一段段、一曲曲、一幕幕，妙趣横生，引人入胜，让人不知不觉间也爱上了收藏。

从"冯玮瑜亲历收藏"到现在"玮瑜说收藏"系列丛书，一本接一本，源源不断，见证了玮瑜的勤奋和毅力，令人敬佩。以她的能力，本来可以轻轻松松做收藏赚钱，可我看着她这十多年来，总是不停地做展览、做讲座、做著述，不是在各地推广传播中华优秀传统文化，就是在推广传播中华优秀传统文化的路上，好像有使不完的劲，我想这可能就是我国陶瓷文化魅力的影响所在，也是一位真正收藏家的事业情怀所在吧！

祝贺"玮瑜说收藏"系列丛书的出版！

## 推荐序二

# 美美与共，和而不同

陈圣泓

筑原设计机构（ARTMAN GROUP）创始人
住建部中国风景园林专家库专家
加拿大收藏家协会常务副会长兼学术委员会主任

　　收藏，是一种跨越时空的对话，是对历史的尊重，也是对民族文化的传承与保护。

　　中国古代瓷器，以其独特的美学特征和精湛工艺，成为了我国传统艺术的瑰宝。展开历史画卷，宋代的汝钧哥官定五大名瓷，温润如玉，各擅胜场，名扬后世。元代的青花瓷器横空出世，厚朴凝重，大气磅礴。明代瓷器开一代新风，永乐鲜红釉、宣德甜白釉为后世追慕；弘治黄釉成为明清黄釉瓷器的顶峰；成化斗彩瓷器细腻精微；嘉靖万历五彩瓷器争奇斗艳。清代康雍乾各种单色釉瓷器娇艳欲滴，清新可人。尤其乾隆御制的珐琅彩瓷器雍容华贵，繁缛精美，巧夺天工……一件又一件，无不匠心独运，气象非凡。端详之、思考之、研究之，或皇亲国戚御用带来的贵胄神秘，或名园私宅定制独特的文人情愫，或民间工匠随意自带的风俗韵味……随着时间的变迁，物品变为了藏品，历代藏家不断接力。造物者从未停止创造美好，藏家们也从未停下追求美好的脚步。

《尚书·大传》言："和而不同，美美与共。"收藏家珍爱的每一件藏品，承载着造物者在不同历史时期的情感与思想，寄托着传承者不同的意志与情趣。每当藏品在接力过程中阶段性地尘埃落定，下一位藏家往往都会接过上一任藏家的些许期望，进一步去重新认识与发现藏品的美好，届时总是不免要邀约三五知己花前月下品鉴一番，或者夜深人静时独自把玩欣赏，夜不能寐……

然而，揆诸古今，任何藏品都是时代变迁的历史见证者。收藏的意义，也的确不应局限于藏品本身。在历史洪流辗转中，以合适的方式，接力珍贵的藏品，传承藏品蕴含的历史信息和文化内涵，充分展现其文化传承与审美之独特的社会学意义，是历代收藏家应有的美德。

与束之高阁"独乐乐"的私藏方式不同，冯玮瑜不仅在收藏美好、感受美好，还笔耕不辍地为珍爱的藏品书写着美好。一篇篇"入藏记""玮瑜说"以考究的文字、生动的讲述将藏品故事娓娓道来，引人入胜。让更多未有机会亲近藏品的读者，深入了解到藏品的文化价值和背后的收藏心路，为广大收藏爱好者打造出一道道通俗易懂且情趣盎然的盛宴。

因此，本书中看到的玮瑜，并不仅仅是豪掷千金、牌起槌落、竞得物品的拍场赢家，更是以藏品为出发点，尊重与传播传统文化，投身文化保护的谦谦学者。

博学之，审问之，慎思之，明辨之，笃行之。玮瑜将收藏的心境心得和鉴藏要领，娓娓道来。在书中，我们可以感受到她对藏品历史内涵的用心研究，也可以品味到她对藏品文化底蕴的缜密探索。这些文章，终将伴随藏品，融入历史，成为承前启后、继往开来的珍贵文献资料。

每一件藏品发现和收藏的过程，都是一段有趣的缘分；每一次藏品探索产生的结果，也是下一次探索诞生的缘起。愿我们在玮瑜美美与共的收藏道路上，追本溯源，到达彼岸。

是为序。

# 自 序

冯玮瑜

艺术家、收藏家、作家

风起云涌，百舸争流。

时代在急速变化，百年未有之大变局就在眼前，世界多极化、经济全球化、社会信息化、文化多样化与政治阵营化、军事对抗化、交往圈子化、信息碎片化互相变乱交织，令人眼花缭乱，无所适从，而一切的变化只是刚刚开始……

我们正经历着太多的不确定和挑战，经济从突然失速到如今的低迷，每一步似乎都走得格外艰难。这是最坏的时代，也是最好的时代。"首富"忽然变成"首负"的消息不绝于耳，从未听说过的新贵忽地冒起，过往的阶层固化正被打破，弯道超车的机会就在眼前，时机稍纵即逝，抓住了就富足三代；抓不住就看着别人鸡犬升天。这一切恍如三十年前投资股市、二十年前投资楼市的情形般。

东边日出西边雨，城头变幻大王旗，动荡之下，对于稍有积蓄的人来说，守住财富比赚钱更重要，适切理财又比守住财富更重要。在剧烈动荡的时代大潮面前，每一个人都自觉或不自觉地投身到资产保卫战中，四十多年改革开放积蓄起来的财富，如何才能不被人肆意收割？如何防止由富返贫？如何保值增值？这是每一个人都要直面的课题。

财富保值增值的三个最重要投资渠道分别是股市、楼市和艺术品市场。

股市就别说了，说出来都是泪，由 2021 年 2 月的 3731 点跌到 2024 年 2 月的 2635 点，足足三年，每况愈下。保卫战由 3000 点一直打到 2635 点，有多少魑魅魍魉的暗局，有多少燃尽热血的枯骨。如果股市再跌下去，很多中产真的要返贫了。

谁都知道钱存银行追不上印钞机的通胀速度，但没想到却一头掉进股市这台碎钞机里。谁都知道股市的未来充满希望，但谁也不知道自己能否熬到"守得云开见月明"那一天。

再看看楼市，恒大就不用提了，谁料到曾被一些人称为"宇宙第一房企"碧桂园也惊天爆雷，大鳄鱼不仅亏成了小壁虎，还背着天大的债务。连浓眉大眼的"优等生"万科，最先喊出"活下去"警告，竟然连自己也快活不下去了。

与过去一波接一波的调控相反，现在救市措施一波接一波，可楼市仍然像扶不起的阿斗。三家头部企业都这样子，楼市的盼头在哪里？楼市的黄金时代真的过去了吗？到底是卖还是买？楼市的未来让人迷惘。

那么艺术品市场呢？"覆巢之下，安有完卵"，经济下行之下市场也在调整，但却买卖兴旺。一边有"问题富豪"在抛售自己的旧藏以弥补主业资金紧绌的窘境，另一边有更多的新晋富豪正在低位拼命纳藏。这现象验证了艺术品的变现功能，不管是升值了还是亏本了，最起码能回款救急，比起资产摆在货架上无人问津要强得多。

为什么有这么多人喜欢投资艺术品，其中一个原因是艺术品投资可以自我控制风险。而股市和楼市，则是个人无法去控制风险的。只要自己有一定的财富，自己懂得或聘请专业人士去分辨真假，那么就会减少很多艺术品投资风险，凭借自身眼光和实力可以获取更多的投资收益。

投资艺术品的钱不是花掉了，而是用掉了，用来为你创造更大价值。这些钱只是换个方式在陪伴着你。要相信未来，相信自己的人生有无限的可能。

无论是百年未见之大变局还是一时的经济低迷，每一次遭遇危机，都是一次重新洗牌的机会。有人借此一飞冲天，有人忽地沦陷。绝望、迷茫与热血并存，艺术品市场就像围城一样，有人进，有人出，既见新人笑，又闻旧人哭。

本书的亲历收藏十个故事，见证了百年来人生的悲欢离合，演绎了艺术品的财富传奇。可以见到不少不同的中西成功人士，无论是白手起家，还是得蒙祖荫，都有一个共同的特点——拥抱艺术品。榜样的力量是无穷的，他们的故事，他们的选择，可以深刻地启发我们。

天下风云出我辈，王侯将相，宁有种乎？

你的选择呢？

# 目　录

## / 玮瑜咏诗

岁月轻柔地拂过她凹凸的身姿，
四足如意稳立，岁月长河如诗，
八瓣花口微曲，羞涩不语。
湖水绿釉，是她轻纱的外衣，
婀娜有致，是她不变的风姿。
春天的柔美，夏天的清澈，
秋天的荡漾，冬天的纯净，
似小苹初见时。
蓦然一眼惹相思，
午夜梦回，尽是那色如涟漪。

咏清乾隆湖水绿釉四如意足水仙盆

一只十面灵璧山居主人旧藏

清乾隆湖水绿釉四如意足水仙盆

入藏记

藏品名称： 清乾隆湖水绿釉四如意足小花盆

尺寸： 19厘米

年代： 清乾隆

来源： 1. E.T. Hall家族旧藏，编号：436

2. 著名古董商布鲁特（Bluett & Sons Ltd.， London）旧藏，伦敦

3. 佳士得伦敦，2004年6月7日，编号：12

4. 北美十面灵璧山居收藏，编号：EK217

5. 2020年10月19日 保利拍卖十五周年庆典拍卖会"十面观止——十面灵璧山居诸家藏明清珍瓷"专场 编号5161

展览： 2022年10月 香港会议展览中心"御案存珍——竹月堂、明成馆、自得堂藏 清初三代御窑单色釉文房瓷器展览"

著录： 《御案存珍——竹月堂、明成馆、自得堂藏 清初三代御窑单色釉文房瓷器展览》第228—229页，编号：79

**冯玮瑜藏瓷精选：**

此小花盆巧呈八瓣花口之姿，卷唇轻扬，器身凹凸有致，棱线分明，平底稳托四足，足形如意，寓吉祥之意。每瓣花口皆以温婉之态微微内卷，婀娜多姿，尽显造型之优美，典雅非凡。其内外皆施以湖水绿釉，釉色如涟漪轻漾，碧波倾泻，美不胜收，妙韵天成。此盆之美，非空谷幽兰之隐逸需人静心品味，亦非张扬妖娆之姿色撼人心魄，而是如清泉般纯净，一见难忘，清丽脱俗，令人心旷神怡。

5.129 亿元成交！这个天价的数字，迅速震撼了整个收藏界。

2020 年 10 月 18 日晚上，北京保利十五周年庆典拍卖会夜场上，这件明代吴彬为同时代著名文人米万钟收藏的一块心爱赏石所画的十个侧面肖像图卷《十面灵璧图卷》，以 5.129 亿元人民币成交价创下了中国古代书画最高成交价的世界纪录，也成为 2020 年度最高价中国艺术品。

不仅如此，在这次北京保利十五周年庆典拍卖会有 5 个专场都是以十面灵璧山居旧藏为专场，分别是"吴彬《十面灵璧图卷》暨十面灵璧山居藏书画赏石专场""佞宋——十面灵璧山居暨诸名藏宋元清玩""十面观止——十面灵璧山居诸家藏明清珍瓷""逍遥座 壹——十面灵璧山居暨马科斯·弗拉克斯藏案上木器清玩""逍遥座 贰——十面灵璧山居暨海外名藏重要明清家具"，这 5 场的成交额达到了 9.9 亿元。

《十面灵璧图卷》拍卖现场

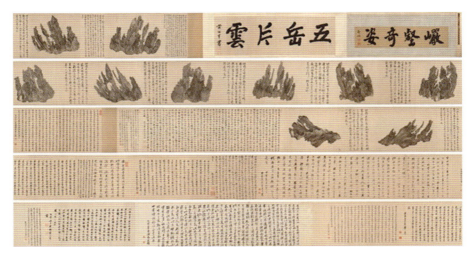

《十面灵璧图卷》

冯玮瑜在欣赏《十面灵璧图卷》

　　光是个人独家的藏品在一场拍卖会就可以做 5 个专场了，而且仅仅是今年这一届拍卖会，还没算上近三年来的"十面灵璧山居主人旧藏"专场，藏品之丰富精美，简直让人目瞪口呆。

　　早在 2018 年 1 月的保利厦门秋季拍卖会，十面灵璧山居主人旧藏一只清乾隆外粉青釉浮雕芭蕉叶镂空缠枝花卉纹内青花六方套瓶以 1.495 亿元成交，成为了内地拍场有史以来第一件过亿元成交的中国古代陶瓷。

▎十面灵璧山居主人旧藏清乾隆外粉青釉浮雕芭蕉叶镂空缠枝花卉纹内青花六方套瓶拍卖现场

　　玮瑜说瓷

　　　套瓶：指一小一大内外两瓶，嵌套在一起，合成一体，烧制成为一个瓶子。外瓶通常作开光或镂空处理，以便可以观看内瓶。内瓶一般绘画有图案。如果内瓶可转动，则又叫转心瓶。

玮瑜说瓷

    镂空：瓷器的装饰技法之一，指在瓷器坯体未干时通过开孔、通孔或开切缝隙而产生装饰效果，或将装饰花纹的坯体部分通过雕刻形成特殊通透效果的一种技法。

拥有不停创造拍卖纪录的藏品，那个"十面灵璧山居主人"岂不是不得了！

是的，真的不得了！

十面灵璧山居主人是谁？——不知道！

不光我不知道，收藏圈内绝大部分行家、藏家都不知道！

拥有如此伟大藏品的藏家，竟然谁也不知道他是谁？！

这位藏家也太作妖了吧！莫非这个藏家是杜撰出来的？

我是这样认为的，许多藏家、行家也是这样认为的！因为拥有如此伟大收藏的藏家，不可能寂寂无名！就算自己不知道，怎么连行内都不知道？

几年前，"十面灵璧主人旧藏"专场刚出来时，就像平地一声响雷，那些"高精尖"的拍品一下子震撼了整个瓷器收藏圈，可藏家的名字谁也没听说过。十面灵璧山居主人是谁？这让大伙儿面面相觑。

按理说，收藏有那么多顶级中国古代艺术品的藏家，没理由是个在市场上不声不响的"扫地僧"。特别是他的一些藏品在过去二十年间也曾在市场上露过面，甚至我自己也参与竞拍过，只不过力所不逮，竞拍不到而已，这位"十面灵璧山居主人"就在我们身边。人过留名，雁过留声，大家在这一圈子里打拼，那么伟大的一个藏家，没有可能谁都不知道，甚至连听也没听过！

同行之间、藏友之间、拍卖行之间咬耳朵互相打听，可就不知道这"十面灵璧山居主人"是何方神圣，问保利拍卖也不说，谁也打听不到。

大伙儿一分析，也许根本就不存在"十面灵璧山居主人"，这是拍卖公司杜撰出来的，一定是拍卖行征集储存了一批拍品，胡扯一个什么"十面灵璧山居主人"名头来上拍出货的。

保利拍卖也不去澄清，或者是故意保持神秘，让人们尽管去猜，就是不说出答案，同时接二连三地推出专场来。看到那么多绝美的拍品，美得让人心在颤抖，成交价一个比一个创新高。东西是真的，而且是顶级的，虽满腹狐疑，却又解不开。保利拍卖这波操作，你只得从内心说一个"服"字，还能说啥。

直到 2020 年 10 月，北京保利拍卖在十五周年庆典拍卖会一口气推出五个"十面灵璧山居主人旧藏"专场时，保利拍卖才隐约透露出有关十面灵璧山居主人的情况，原来真有这么一个神龙不见首尾的高人存在，而且就在我们身边。

保利拍卖介绍说："'十面灵璧山居'为美国极为重要私人收藏之一，其名源于主人在 20 世纪 80 年代以 121 万美元入藏明代画家吴彬《十面灵璧图卷》，该拍品创下当时中国古代书画拍卖世界纪录。其主人自 20 世纪 90 年代起专攻东方艺术，醉心收藏中国御窑瓷器、古代书画、古典家具，这反映了十面灵璧山居主人对这些领域浓厚的兴趣。其收藏主要由世界顶级古董商购入，如于英国顶级古董商埃斯肯纳齐（Eskenazi），入藏明清两代陶瓷，于纽约蓝理捷（J. J. Lally）购入宋元陶瓷，于英国马科斯·弗拉克斯（Marcus Flacks）购入明清家具等。同时，他亦在专业指导下亲自参与世界级拍卖场，搜罗中国艺术品中的奇珍，并一掷千金将其纳藏。十面灵璧山居主人选择艺术品有着极高的标准，严格甄选作品的珍稀程度、纹饰及品质。因如此之高的遴选标准和一流的经纪人协助，故可知进入'十面灵璧山居'收藏序列的艺术品皆堪称精绝之珍宝。"

虽然犹抱琵琶半遮面，没有说出主人的名字，但好歹公开真有那么一位高人，其行事之低调，收藏品位之卓绝，让人仰之弥高。

谜底的揭开，意味着最后时刻的来临。这次连以作为收藏堂号的《十面灵璧图卷》也释出了，我想是十面灵璧山居主人这回是金盆洗手，从此退出江湖。保利十五周年的"十面灵璧山居旧藏专场"可能是他告别的琴音绝响。

为了致敬中国古陶瓷收藏史上曾经有过这么一位伟大的藏家，我想在保利十五周年这几场"十面灵璧山居主人旧藏"挑一两件入藏，以作纪念。我翻开图录，仔细甄选，圈定了几件，就出发去北京了。

2020年真是不平凡的一年，1月份突发的新冠疫情打乱了国内艺术品拍卖市场往常的正常节奏。以往4月份5月份的春拍到9月份10月份才陆续重启，往常春拍和秋拍间隔通常为半年，春拍的推迟挤迫得秋拍改到12月份甚至到2021年初才举行，有的直接取消了。

保利拍卖2020年也转移了战场，以往是在农展馆预展，在四季酒店拍卖，后改为在北京国贸大酒店，保利拍卖帮我留好了国贸大酒店的客房，住宿费用像以往一样，由保利拍卖全部承担，我拎包入住就行了。

放下行李，赶紧到了展场看拍品，展场里人头涌动，好不热闹。毕竟憋了大半年，守得云开见月明，拍卖会终于重开了。

这是疫情后国内首场重要拍卖，疫情对收藏市场影响到底有多大？真的是陡崖式下跌吗？大家无不翘首以待。当 18 日夜场《十面灵璧图卷》以 5.19 亿创纪录成交后，行情稳定向好已无悬念，疫情对艺术品市场价格影响并没有想象中那么大。

除了《十面灵璧图卷》外，当晚十面灵璧山居主人旧藏的清代灵璧石"锁云"，以 1345.5 万元的成交价一举成为世界最贵文人赏石，又创了一个新纪录。

当天，拍卖现场人声鼎沸，竞价声此起彼伏，十面灵璧主人旧藏拍卖成交价屡创世界纪录，捷报频传。从闹哄哄的拍卖现场回到酒店客房，兴奋过后是冷静思考，我对明晚意向参拍的"十面观止——十面灵璧山居诸家藏明清珍瓷"专场进行分析，确定 19 日晚的竞投策略：

▍拍出 1345.5 万元的"十面灵璧山居主人"旧藏。（清）灵璧石"锁云"，长 23cm，宽 13cm，高 24cm，带底座高 29cm。

1. 这应该是十面灵璧山居旧藏最后的专场释出了，我想到拍一两件以资留念，人同此心，说不定也有许多藏友有同样想法，所以这个专场应该会有较多或较激烈的竞争。

2. 十面灵璧山居主人旧藏今晚连续取得创新纪录的辉煌成绩，受此带动，明晚的拍卖成交价也不会低。藏家抢，行家也会抢，一来二去，成交价低不了。

3. 要实现目标，就要先下手为强，先抢一件在手，就万般从容，进退自如。

4. 这场拍卖的第一件拍品是编号为 5161 的清乾隆湖水绿釉四如意足水仙盆，这是我挑中的几件之一，符合我单色釉瓷器的收藏体系。这只湖水绿釉水仙盘我在预展上手过几回，釉色可爱，绿意盈盈，品相全美，可堪赏玩。

玮瑜说瓷

　　如意足：陶瓷器足部形式之一，即把瓷器下端的足脚造成如意形状，在优美的形式之下饱含深刻的意义，代表着吉祥、称心、如意的美好寓意。

5. 这只水仙盆在"十面灵璧山居"收藏之前，已经由多位名家递藏，它曾是 E.T. Hall 家族旧藏，编号 436；也是伦敦著名古董商布鲁特（Bluett & Sons Ltd.，London）旧藏，并于佳士得伦敦在 2004 年 6 月 7 日上拍，编号为 12，此盆可谓流传有绪。

6. 几经考虑后，决定无论如何，首先要拿下这个专场的第一件拍品湖水绿釉水仙盆。人们往往对第一件拍品，不会拼死力去争抢，以为后面还有机会，怕前面抢高了吃亏，有先看看的心理。而我反其道而行之，进取性竞拍第一件拍品，会较易得手。

挟 18 日书画、赏石连创世界纪录的如虹气势，19 日夜场的"十面观止——十面灵璧山居诸家藏明清珍瓷"十面灵璧山居旧藏专场拍卖同样是人气爆棚，拍卖大厅的人挤得满满的。

按照拍前拟定的竞拍方略，专场刚刚开拍，拍卖师叫价第一件拍品时，我抢先举牌，经过几个回合较量，这只清乾隆湖水绿釉四如意足水仙盆被我如愿拿下了，成交价在我的预设价之内。

这只小花盆呈八瓣花口，卷唇，器身凸凹起棱，平底承四足，足为如意型，每瓣花口均向内微微曲婉，婀娜有致，造型优美典雅，为外均施湖水绿釉，色如涟漪，如倾碧波，妙不可言。它的美不是空谷幽兰要人细品，也不是美得张扬而妖娆，而是让人见过后就过目不忘的清纯。此盆没有出水孔，可作盛水用，因为此盆尺寸太小，我还思忖过它是不是花盆造型的水盂呢。

> **韦瑜说瓷**
>
> 　　起棱：棱是瓷器表面上突起的线条，由于线条突出釉面，线条表面釉薄，所以瓷器烧成后的棱线就呈现略浅的釉色。在瓷器里，有利用棱线作为一种装饰图案的，也有因为瓷片拼接而出现的。

虽然保利拍卖的图录说它是花盆，但我上手鉴赏时，认为它由于器型较小，虽然可以作水盂使用，但它本质应该还是花盆，而且是花盆里的一

▎那盈盈寸许间，荡漾春水，如诗如画

个品类——水仙盆。

实用的花盆，盆底必须要有渗水孔。水是植物必需的，但植物浇水过多或排水不良，根茎长期被积水浸泡，会造成根茎腐烂，影响植物的生长，所以花盆都会有渗水孔用于沥出盆底的积水。而这只湖水绿釉花盆没有渗水孔，可见此类花盆是专门种水生植物的，例如养殖水仙花、万年青之类，此类花盆又叫水仙盆。

最著名的水仙盆，要数台北故宫博物院旧藏的宋汝窑水仙盆，这只水仙盆椭圆形，通体满布天青釉，侈口深壁，平底凸出窄边棱，四云头形足。这只汝窑水仙盆原来陈设在紫禁城重华宫。

水仙花一般在春节前后开花，水仙花朵秀丽，叶片青翠，花香扑鼻，清秀典雅，常置于书房、客厅、卧室的案头。明人文震亨《长物志》中说到水仙："取极佳者移盆盎，置几案间。次者杂植松竹之下，或古梅奇石

台北故宫博物院旧藏的宋汝窑水仙盆

间，更雅。"

在寒冬的日子里，养一盆水仙，摆放在几案上，迎接新春，是古人的雅事。水仙花也是古人室内清供常用陈设，水仙盆就是用于养殖水仙花的。

我拍得的这只湖水绿釉水仙盆长度仅 19 厘米，长不过一掌，一丛水仙花是放不下的，只能养殖一二茎小水仙或一个小小的山水盆景。如此小巧雅致，应是文房内所用器物。

文房用器以素雅为上品，宋人倡导的美学理念于后世影响深远。乾隆好古摹古，仿烧宋瓷珍品，模仿烧造颇多，几至完美，其所仿烧的宋器有两种，一种是仿宋器釉色，落乾隆年款；另一种是故意不落年款的。

这只湖水绿釉水仙盆与汝窑水仙盆虽然形式有所不同，但造型来自汝窑盆制式，又根据乾隆喜好别出新意，改为八瓣花口形，突破了汝窑盆造型的单调，融摹古与创新于一体，给人以耳目一新的感觉。

明代袁宏道的《瓶史》里说："养花，瓶亦须精良，譬如玉环飞燕，不可置之茅茨；又如嵇阮贺李，不可请之酒食店中。"意思是说：像杨玉环、赵飞燕这样的美女，如果置身于茅厕里，就不美了；像嵇康、阮籍、贺知章、李白这样满腹诗书的名士，在大排档般的酒食店中，还有什么诗情画意。所以，插花虽小道，而对于器具却不可随便乱用。宫廷所用，更是讲究。

这只湖水绿釉水仙盆烧造水平高超，颇见赵宋旧物之神韵，又荡漾着18 世纪清宫独有的清雅。

湖水绿，一个多么有诗意的名字，惹来多少遐思。

湖水绿，春天的柔美、夏天的清澈、秋天的荡漾，尽在一池冉冉绿水里。

"风乍起，吹皱一池春水""春水碧于天，画船听雨眠""日出江花红胜火，春来江水绿如蓝""杨柳晚风移别浦，桃花春水泛中流"……

那些遥远而又熟悉的诗句在脑海里流传，一如水面上那些只可闻声而终不可寻觅的采莲曲、那些似乎在身边又遥远的悲欢故事、那些描摹着刀光剑影的江湖传奇，留给我们一圈圈荡漾开来的涟漪……

苏轼在《超然台记》中也说："凡物皆有可观，苟有可观，皆有可乐"。巍巍山川、滔滔大海、蓝天白云，所见所喜之人甚众；然而微细如月到天心、风来水面之清凉意味，却往往少人领会。不仅如此，因为红尘滚滚，生活匆匆，人们常常连眼前之美也毫无感觉。

眼前这只小小的湖水绿釉水仙盆，澹如秋水，和似春风，显得如此的宁静，那是一种看尽庭前花开花落的宠辱不惊，是一种洞明尘世起起伏伏的从容不迫。

湛碧平湖之水，浅草初春，清水盈匀，水本身是无形的，但它可以映照天空，等于把一片天空放到你的面前，那么静谧，那么纯净。

事了拂衣去，深藏身与名。直到竞得此盆之后的许久，我都不知道这个"十面灵璧山居主人"到底是一个机构？还是一个真实的个人藏家？我除了赞赏他藏品收得好以外，还在研究他的成功之道。

纵观他由 20 世纪 90 年代中期开始进入收藏中国古瓷器，经过二十多年的默默入藏，到现在高位套现的全过程，实实在在就是一个"收藏理财"的成功案例，这不正是我这些年一直倡导的"收藏理财"的成功实践吗？

他二十多年间能在我们身边不声不响地入藏了这么多顶级的瓷器，却没有引起市场的注意，是非常了不起的。隐姓埋名于几大古董商的身后，让古董商出面帮他入藏，虽然付出了不菲的费用，但比起大家哄抢还是便宜了很多。我这些年一直在拍卖会的现场，亲眼见到张宗宪、刘益谦等大家举牌竞投拍品，别人并不因为你名气大就让着你，因为你名气大，你举牌说明你看中的拍品一定不错，抢一把又如何，拼不过你是正常的，打败你则足以扬名同侪。我亲见多次"1号牌先生"张宗宪败走拍场，甚至有次张宗宪在竞拍时高举着牌子不放下，志在必得溢于举止的情形下，仍然有人不信这个邪，"东风吹，战鼓擂，现在到底谁怕谁"。拍卖场是以资金实力说话，你举我更举，硬是让张宗宪高举的手不得不放下来，败给对手。在争抢当中，拍品价格不知不觉被抬高了。

"十面灵璧山居主人"委托顶级的古董商，没有亲自持手操刀下场，看似笨拙，实则聪明之至，有古董商的专业建议和把关，还可避开很多陷阱，顶级古董商还会为藏品品质和价格作加持。

放弃所谓的名声，只求利益的最大化。有很多"扫地僧"一样的人物，他们看起来不起眼，似乎平平凡凡，但却拥有着让人意想不到的强大实力。

耐得住寂寞，隐忍达二十多年之久，或者说理财计划长达二十年为周期，这份耐力不是一般人能有的，在这个过程中，他的藏品有些早就翻倍，可他并没有单独释出，而是最终以专场来释出，这样的效应当然比单件释出更吸引人，也会获得更高的套现价。试问你能拿着一只股票二十多年不动吗？这是何等的动心忍性！除了巴菲特，恐怕很少人能有这份定力。

过往一些艺术品基金，往往以三到五年为一个周期，但成功者寥寥，由英国铁路基金和十面灵璧山居主人的成功案例看出，其实艺术品投资的时间要更长久，而且往往越长久获利会更多——当然前提是那些都是真品和隽品——那其实比股票更容易把握。

记得当初由收藏中国书画转入收藏瓷器的最初阶段，我到香港中环的历山大厦22楼的佳士得香港总部拜访佳士得亚太区副主席暨中国瓷器及工艺精品部专家主管曾志芬小姐，请教如何投资收藏中国古瓷器。曾小姐对我说："你是刚开始收藏瓷器的，说不定什么时候不喜欢了，或者兴趣转到其他门类了，就会释出瓷器。所以在一入手时，就要考虑能否卖出的问题。不能买太差的，也不要一开始就追求顶级的。"

曾小姐继续说："你刚进入瓷器收藏，不要买亿元拍品，那些拍品在全世界也只有四五个人来购买，你日后想释出，他们不喜欢，就没有人接手了；也不要购买千万元以上的拍品，因为翻倍后，买得起的人也不多；几万到几十万的，拍品品位不太高，数量也太多，大多是大路货，翻倍要等的时间较长；一百万到几百万之间的，翻倍也不会超过一千万，市场能够承接得住。建议你买这个区间的。"

▋ 佳士得香港的曾志芬（左）、戴岱（右）和冯玮瑜合影

　　曾小姐从事艺术品拍卖行业多年，所经之事、所见之人多矣，其言一语中的。真心感谢曾小姐对一个刚进入瓷器收藏界的新人的真诚指点，让我受益良多。我基本上是遵循这个原则来购藏的，当然也稍有一点不同的是，我购藏时还会按自己的收藏系列进行，在同等价格里就买最顶尖的。

　　与佳士得拍卖的缘分由此而起，每年我都会在佳士得入藏心仪的拍品，从未间断过。每场拍卖会，都见到笑容可掬的曾小姐，我们总会聊几句。曾小姐也极为关照我，佳士得每次到广州举办巡展，她总会邀请我出席嘉宾晚宴。

　　2019 年 5 月 24 日至 25 日，我带着《瓷器收藏与投资》的各位学员到香港会展中心的佳士得春季拍卖会现场授课，就得到曾小姐大力协助，佳士得 ( 香港 ) 公司活动统筹部和瓷器部腾出特别的时段，专门为我们开辟教学专场导览，这段时间展场不开放给其他人，只接待我们一群学员——

▋ 冯玮瑜与学员们在佳士得香港预展现场合影

冯玮瑜带领学员们在佳士得香港预展现场贵宾厅上手学习中国古瓷器

这是罕见的安排。作为世界顶尖艺术品拍卖行，这里每件上拍瓷器都是精品，学员们有机会上手这些珍贵的瓷器，细致鉴赏这些平常难得一见的精美瓷器，对学员的审美与知识的提升有巨大的帮助。学员们惊讶能得到如此隆重的接待，激动不已，当然也对我这个联系人及带队老师满怀感激。实际上，还是曾志芬对我的支持和帮助。

2020年这一年过得真是百感交集，都说百年未遇之大变局，我们都是局中人，谁能躲得过。有人住高楼，有人在深沟；有人光芒万丈，有人一身锈。艺术让我们在奔忙的人生中，看到美好的一面。

逆市之下，"十面灵璧山居主人旧藏专场"连创世界纪录，无论是做收藏还是做投资，都令人佩服。做惊天动地事，作隐姓埋名人。二十多年的面壁，一朝化茧为蝶。榜样的力量是无穷的，一个人的发光，照亮一群人的向往。"十面灵璧山居主人"却给我们许多有益的启示：艺术品是可以寓收藏于理财，寓理财于收藏，艺术的雅兴无碍于投资，无碍于取得丰厚的收益，可以收藏理财双丰收。

十面灵璧山居旧藏可谓珠藏玉蕴，高山仰止。三千弱水，我取一瓢，足以称心。

十面灵璧山居旧藏终于散去，这是一段真实的历史，是一个动人的故事，也是一个收藏理财成功案例。

传奇终成旧事，最后散在人间烟火里。

## 补　记

2021年《收藏》杂志1月刊载文《"十面灵璧山居"主人是谁》介绍：

"十面灵璧山居"主人来自美国兹夫家族（Ziff family），位列福布斯（Forbes）"百亿美金以上美国最富有家族榜单"第14位（家族资产约144亿美金）。

兹夫先生，犹太人，出版传媒业大亨。20世纪60年代起，他掌舵的集团就已经是世界第一大IT媒体。事业顺利，家庭也得意。他的前半生十分顺遂，年过半百之际，厄运接踵而来。1978年他被确诊前列腺癌，医生告知只剩几年的寿命。当时他的出版生意正如火如荼，儿子们还小，却不得不考虑身后事。

命都快没了，还要钱来干什么！不如及时行乐吧，过一天就赚一天。此后，他陆陆续续卖掉了不少杂志，将抛售所得的7亿多美金，几乎都留给了儿子与前妻。他的私人生活也走向了第二春。兹夫的第二任太太谭森·安(Tamsen Ann Kojis)出身和安思远类似，正是她将兹夫带入到收藏领域。

或许是患癌太久，心态反而放开，既然还没死去，就尽情享受人生吧。他整个人的生活方式完全变了，开启了享乐模式。

他们收藏的初衷也是为了装饰新居。和大部分藏家一样，他们最先涉猎的一定是本国艺术，进而由美洲原住民文化开始，过渡到南半球大洋洲。非洲艺术风靡的时候，他们也买了许多。20世纪90年代中式家具正时髦，很自然就转到远东，他就开始收藏亚洲艺术品。几年之后，他并没有像医生预言的那样，而是获得了更长的生命。他在收藏中，不断汲取精神世界的需求，让人生更充分而丰富。

他自20世纪90年代起专攻东方艺术，醉心收藏中国古代陶瓷器、古代书画和古典家具，其收藏主要通过英国埃斯肯纳齐(Eskenazi)、马克斯·弗拉克斯(Marcus Flacks)、美国蓝理捷(J.J.Lally)等世界顶级古董商购入。十面灵璧山居主人选择艺术品有着极其严苛的标准，严选作品的品质和珍稀程度。而其购藏的古代书画皆来源于20世纪八九十年代的苏富比、佳士得拍卖公司。并且，山居主人在购藏古代书画方面虚心求教于高居翰、方闻、姜斐德、石守谦、陈葆真、司美茵等教授以及学者，其藏品也经各位专家鉴赏后展览于各美术馆与知名学府。

1989年，《十面灵璧图卷》出现在拍场上，当时估价不高。山居主人在咨询了信任的专家后，对这件画卷极为看重，交代不设上限，买到为止。这个勇敢果断的行为，让他一战成名。

玮/瑜/说

收藏与理财

## 深藏身与名，著名藏家的养成秘方

"著名藏家专场"在古玩拍卖界叫好叫座，近几年只要一出手，几乎场场缔造出 100% 成交的"白手套"佳绩。究其原因，不外乎顶级堂号的藏品予人十足信心。著名藏家通过知名古董商挑选藏品，纳藏标准严苛。就如"十面灵璧山居"主人的收藏主要由世界顶级古董商购入，于英国顶级古董商埃斯肯纳齐 (Eskenazi Ltd) 入藏明清两代陶瓷、于纽约蓝理捷 (J. J. Lally) 购入宋元陶瓷、于英国马科斯 · 弗拉克斯 (Marcus Flacks) 购入明清家具等。无论是深入单一藏品门类，或是群芳争艳，著名藏家往往在入藏前由专业古董商做足了功课，这一切直接为下一波接手的新藏家过滤了一道关卡，也代表了这位藏家的艺术品位。这类著名藏家专场带有一定的名人光环，而流传有绪的生货释出，往往让市场和新藏家更为兴奋。

著名藏家藏品不仅是拍卖市场众星捧月竞逐的焦点，他们的收藏与投资秘籍更是值得我们细细参详，领会要旨。"十面灵璧山居"主人威廉·兹夫来自美国兹夫家族（Ziff family），发迹于出版行业。兹夫的父亲老兹夫在 20 世纪 20 年代末在芝加哥与人合伙创立了 ZD 公司，主营广告、杂志和出版发行。兹夫接手家族生意后，精准踩上了美国汽车工业和 IT 浪潮的风口，先后创办了《名车志》（Car and Driver）和《大众电子》（Popular Electronics/Computers & Electronics）、《个人计算机杂志》（PCMag）、《电脑消费者》（Computer Shopper）。更妙的是，20 世纪 80 年代传统纸媒江河日下，兹夫在 1985 年将《名车志》出手，正好赶在日系车全面进场之前。精准的踩点令威廉·兹夫掌舵的 ZD 集团成为世界第一大 IT 媒体。进入 20 世纪 90 年代，兹夫的三个儿子陆续步入而立之年，却一个都不愿接手家族生意。无奈之下，兹夫将经营毕生的传媒帝国打包卖出，作价 14 亿美金。兹夫第三代凭着这笔资产开始投资，挖来时任高盛证券及股市交易部联席主管丹尼·奥克，打理家族办公室，若干年后将其发展成华尔街第一大上市对冲基金。

从传媒巨鳄到金融投资、古董收藏，兹夫家族的财富传承代表着美国的时代发展史，其投资策略切换几乎与经济周期同频。眼光独到并耐得住寂寞，无论是产业布局还是古董收藏都秉承看准趋势、长期持有的原则，理财计划可以长达二十年。当投资到达顶峰时果断退出，制造重锤声势获得定价主动。就像藏品不是单个出手，而以"十面灵璧山居主人旧藏专场"来释出，专场的效应当然比单件释出更吸引人，也会获得更高的套现价。这份定力令人尊敬。

仇焱之的身影，

天民楼的情韵。

釉色均匀，如日照中天，

器形周正，似天地初成。

黄釉璀璨着皇家尊贵，

双璧屹立，闪耀熠熠光华。

一对流传，如历史的眼眸，

看韶华迤逦三春暮，

如你，如我，与时光共舞。

咏清雍正黄釉对盘

第二篇

【江湖又见天民楼】

一对经仇焱之、天民楼递藏的

清雍正黄釉小盘入藏记

藏品名称：　黄釉小盘一对

尺寸：　　　口径10.9厘米

年代：　　　清雍正

款识：　　　六字楷书款「大清雍正年制」

来源：　　　1. 仇焱之旧藏（1981年5月19日香港苏富比"仇焱之旧藏专场"专场　编号：
　　　　　　　509）

　　　　　　 2. 天民楼旧藏（2019年5月30日香港苏富比"天民楼——历代华瓷萃集"专场　编
　　　　　　　号：29）

展览：　　　1987年香港艺术馆"天民楼藏瓷"

著录：　　　《天民楼藏瓷》上册第140页，编号：140


**冯玮瑜藏瓷精选：** 这对雍正年间的小瓷盘，单观其一，或许未觉有何非凡之处，然一旦成双列
阵，其明艳之姿便跃然而出，令人叹为观止。釉色均匀细腻，形制雅致，胎骨轻薄，整体风格清
朗而简约，盘底楷书款识，笔画流畅隽永，二盘犹如双璧并立，交相辉映，熠熠生辉，其光芒之
盛，足以夺人心魄。从形态之端庄、颜色之纯净到气韵之高雅，无一不透露着奢华而尊贵的皇家
风范。

天民楼是收藏界的一个传奇，所谓传奇，是指不寻常的故事。

天民楼的主人葛士翘、葛师科父子两代50多年孜孜以求地收藏中国古代瓷器，其藏品以精美和成系列著称，成为中国古陶瓷收藏界的一座高峰，特别是"只藏不卖"的收藏方式，让人仰之弥高。

哪知在2019年的春天，仿佛晴天霹雳——天民楼藏瓷竟也在拍卖场上出现了。唉！两代人的心血，50年的庋藏渐次散佚，每当念起，总让我掩面——天民楼一直是我的榜样。聚、散、聚，真让人感慨万千啊！

我彷徨了大半年，一直不敢去拜访天民楼主人葛师科先生，我怕打扰他，更怕"执手相看泪眼，竟无语凝噎"的场景——也许是我多虑了，我向多个朋友了解葛先生的近况，他们都说葛先生心态挺好，看不出受什么

▎2023年3月冯玮瑜到天民楼拜访葛师科先生

影响。唉，男儿有泪不轻弹，伤心都在背人处。曾经沧海一声笑，如今豪情仅剩一襟晚照。

2019 年 3 月 23 日晚上，天民楼藏瓷首次在拍卖场上出现，那是中国嘉德四季第 53 期"天民楼藏瓷"专场，115 件明清瓷器成交 5472 万元人民币，轰动一时。紧接着再见于 2019 年 4 月 3 日香港苏富比"天民楼藏御瓷选萃"，18 件明代御瓷成交 1.93 亿港元。两个场均是 100% 成交率，合计成交金额为 2.56 亿港元。

经过这两场拍卖后，我以为天民楼藏瓷见之于拍场会暂告一段落了。哪知，在 2019 年 5 月 30 日，香港苏富比又推出了一场"天民楼——历代华瓷萃集"拍卖。苏富比为这个专场撰文介绍说：

"葛士翘（1911—1992 年），天民楼第一代主人，曾担任著名收藏家协会敏求精舍的主席。葛先生眼光独到，明鉴善藏，并且乐于分享雅蓄，开放予学者、学生与其他藏家亲身鉴赏、眼观、手触、修习、研讨。《天民楼藏瓷》一套两册，以中英双语阐述所藏雅瓷，葛先生慷慨解囊，出版时以廉价发行，惠泽广众。

"本场所呈献的拍品包罗历代多朝的瓷器珍品，但绝大多数从未出版，展现藏家广博多元的品位喜好之余，对天民楼熟悉者，见此场所呈，必有意外惊喜之感。

"自 1950 年代始，葛士翘集宝存菁，搜藏中国雅瓷，建立天民楼珍藏，多年来为芸芸学子提供弥足珍贵的学习机会，培育后辈，未遗余力。此专场所呈，既展示中国瓷器发展历程，且飨同好，为藏家提供搜珍良机。"

江湖又见天民楼！热点依旧聚焦在天民楼！

天民楼盛名加持之下，苏富比拍卖这场"天民楼——历代华瓷萃集"

冯玮瑜在香港苏富比"天民楼——历代华瓷萃集"预展现场

又成功喜获"白手套"!

　　白手套：拍卖界的"白手套"是拍卖师的一种最高荣誉。当一场拍卖专场达到100%的成交率，拍卖公司将赠送给拍卖师一副洁白的手套，以示尊敬和谢意，代表着对拍卖师高度的认可。也泛指拍卖机构的专场拍卖全部成交，意味着拍卖机构获得良好业绩。

　　拍卖结束的当晚，苏富比当即发出新闻：

　　"今日于香港苏富比举行的两场拍卖'天民楼——历代华瓷萃集'及'中国艺术品'获藏家踊跃支持，拍卖现场座无虚席。当中领衔天民楼专

天民楼旧藏清雍正黄釉小盘一对（《大清雍正年制》款）

场的一对清雍正黄釉小盘，以 1,937,500 港元成交，为估价 13 倍。"

香港苏富比新闻里说的成交亮点就是以估价 13 倍成交、金额为 194 万港元的一对清雍正黄釉小盘，而举牌夺得该对黄釉小盘的人正是我。

无可奈何花落去，似曾相识燕归来。记得当时在高价竞得该对盘后，拍场掌声一片，大家都为我喝彩，认识我的朋友有竖起大拇指向我夸赞的，也有走过来向我击掌祝贺的。但我并没有喜形于色，反倒是摇头苦笑着说："价格也太高了。"

这对黄釉盘，我虽然是志在必得，可也没想到会高出底价 13 倍之多！过后那几天，我仍心有戚戚，没有了以往拿下拍品后的舒心畅意。194 万

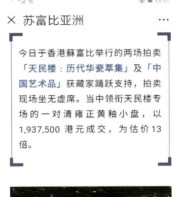

苏富比官网报道清雍正黄釉小盘的拍卖实况

■ 在苏富比预展现场欣赏雍正黄釉对盘

港元，太贵了——凭谁的钱都不是风吹来的，怎不心疼！

　　"不能这样认为，这对小盘有两个著名的收藏家递存记录，你想想，这对盘既是仇焱之旧藏，又有天民楼的记录，同一件器物两大名家旧藏，这么好的来源，虽然价格不算低，可哪里还找得到？所以这对盘还是值得买的。如果将来再卖出去，价格还会更高。"著名中国古陶瓷鉴赏家黄少棠先生是这样帮我分析的。

　　"我觉得买得挺不错的！"时任中国嘉德四季拍卖瓷器部总经理刘旸先生也是这样对我说的："市场上哪找得到那么好传承纪录的，光是仇焱之和天民楼连续递藏就值了。"

　　他们说得都对，但是他们不知道，其实我手上还有另一对从苏富比出来的雍正黄釉小盘，来源刚好也是仇焱之旧藏。天民楼这一对黄釉小盘，成交价接近 200 万港元的高价，确实心疼。

　　仇焱之的声名如雷贯耳，在中国古代瓷器收藏界无人不知。他是一代瓷器收藏大家，13 岁在上海晋古斋古玩店当学徒，师从店主朱鹤亭。后来遇到他的人生导师——丹麦人雅戈布·梅尔吉奥尔，受其资助成立"抗希斋"，自立门户经营古董店。1945 年由卢吴公司在沪负责人吴启周介绍，结识英国古董商厄宝德，为其在沪办理古玩出口托运业务。1946 年以 200 万法币独资开设"仇焱记"（又名"仇焱之文玩会"），1948 年结束在沪经营活动，南下香港经营古董，20 世纪 60 年代中期移居瑞士，继续经营中国古代陶瓷。

仇焱之将古董收藏作为人生的信仰，其超卓的眼光、流利的英语、过人的魄力，为其在中西方经营中国古董提供了得天独厚的条件，最终成就了他独一无二的辉煌人生和在国际收藏界举足轻重的地位。仇焱之经营古董之魄力，可以从他为得到一件"建文"年款的瓷器所付出的代价上窥见一斑。

那件建文瓷笔架底部铭文为："建文四年三月日横峰造，吴氏均茂志"，"建文"为明代朱元璋之孙朱允炆的年号，建文帝在位仅 4 年，即被其亲叔朱棣（明成祖永乐帝）发动"靖难之役"武装夺位。由于建文帝在位日短，所烧制的瓷器有限，有年款的瓷器则更属凤毛麟角。再加上永乐皇帝在抢夺帝位后疯狂地销毁一切留有"建文"痕迹的对象，包括年号、朝廷档案、宫廷用器，

▍仇焱之在抗希斋

要彻底清除建文一朝在历史上曾存在过的所有痕迹，以达到自己才是洪武皇帝合法继承人的目的，洗脱篡位罪名。至民国年间，收藏界公认为真品的建文年款瓷器，只剩有此件瓷笔架。那件笔架辗转流传，当时被收藏家谭敬收藏。

除了建文年号，仇焱之将明代所有年号的瓷器都收齐了。不过，缺了建文年款的瓷器，他的明代瓷器系列收藏中间就缺了一个年代，也就不完整了，这是他的憾事。所以得不到这件建文年款的瓷笔架，就成了他的一个心病。越是得不到的东西越觉得珍贵，仇焱之为了却心愿，竟然以一套包含各朝款识的明代瓷器（当然没有建文的），换得这个建文年款瓷笔架！手笔之大，让人咋舌。

20世纪50年代，仇焱之在香港曾经用1000元港元，买下了一只别人以为是假货的明成化斗彩鸡缸杯。2014年7月19日，这只鸡缸杯被上海收藏家刘益谦先生以2.8亿港元的成交价竞得。而同样的成化斗彩鸡缸杯，仇焱之曾经藏有四只。他藏品之丰富，可见一斑。

仇焱之1980年病逝于瑞士，所有庋藏由后代交给苏富比在香港、伦敦拍卖。香港苏富比创始人、苏富比亚洲区前主席、著名中国古瓷器鉴赏家朱利安·汤普森（Julian Thompson，中文又名朱汤生）生前曾说，1980年至1981年的三场"太仓仇氏抗希斋曾藏珍品"专场拍卖，是他一生中最重要的专场拍卖，而其对中国艺术品拍卖市场也可谓影响深远。"那是一场举世瞩目的拍卖，几乎吸引了所有全球重要媒体的关注。"这几场拍卖里有的拍品打破了当时中国瓷器艺术品的世界纪录。也是通过这几场拍卖使得明代官窑的市场价位大幅上扬，并逐渐取代了自20世纪50年代以来宋瓷在市场的主流地位。

中国古瓷器鉴赏名家翟健民和冯玮瑜在"御案存珍"展览现场

仇焱之还笔耕不辍，于 1950 年相继出版了《抗希斋珍藏明全代景德镇名瓷影谱》《斋珍藏历代名瓷影谱》，对研究中国官窑瓷器的专业人士而言非常有价值。

中国古瓷器鉴赏名家、香港永宝斋主人翟健民先生告诉我，仇焱之资格老，脾气大，他见到的仇焱之，从来没有态度亲和的时候。当年翟健民还是学徒时，有一次跟随师傅黄应豪送一对雍正胭脂水釉马蹄杯给仇焱之看货求售（2022 年嘉德香港秋拍，这对胭脂水釉马蹄杯以 1000 多万港元成交）。仇焱之多金有钱，而他们正需用钱，就以两万元低价求售，没想到仇焱之竟还价 5000 元，真是太狠了——那可是非常难得一见的雍正胭脂水釉马蹄杯啊！他们稍一议价，就被仇焱之厉声呵斥："你卖不卖？不卖滚出去！以后别来了！"他眼光好，现金多，不跟他做生意找谁去？不接受他的还价就连以后的生意都没得再跟他做，他是前辈的前辈，辈分高几级，没办法，人穷志短，马瘦毛长，虽然他压价很低，但翟健民师徒两人此刻需要现金，也只能向他低头。

翟健民还亲眼看到仇焱之一言不合就跳起来一巴掌打到香港苏富比亚洲区主席朱汤生身上，本来是想打他脸上的，因为朱汤生是英国人，个子高大，而仇焱之个子不够朱汤生高，所以边骂朱汤生"你懂什么！"边跳起来打朱汤生。

"朱汤生"这样一个常人耳中陌生的中文名字，在收藏界却是一个如雷贯耳的人物，须知道朱汤生以他的专业性赢得了当时收藏家群体的信赖，在中国古董收藏界是大神一样的人物，可在仇焱之眼里如同毛孩子一样，照样一言不合就打他，哪管你是洋人不洋人、大神不大神的！仇焱之厉害不厉害？

仇焱之在收藏界的地位备受世人仰慕，他的藏品在世人心中留下了高品位、高格调、高境界的形象。

当这对黄釉小盘提货回来后，我惊讶地发现仇焱之旧藏这对小盘曾在1981年5月19日在香港苏富比"仇焱之旧藏专场"专场上拍过，编号为509，也就是朱汤生所说他一生中最重要的、举世瞩目、影响深远的那几场专拍之一。而我原藏那对雍正黄釉盘也是在同一个专场上拍的，编号是510，它们的编号竟是相连的。

编号连在一起，即当年它们在仇焱之旧藏专场之后散失分开，多年以后，离离合合，兜兜转转，今日又在我的自得堂相聚。《红楼梦》诗云："一

▎1981 年 5 月 19 日香港苏富比"仇焱之旧藏专场"编号 509 和 510 两件拍品

个是阆苑仙葩，一个是美玉无瑕。若说没奇缘，今生偏又遇着他？"——
是有缘，更是天意啊！

　　仇焱之藏品的包装盒独特精致，橘红色的布面，锦缎衬里，盒里根据
不同的器物压制出对应的衬垫，器物放进去大小刚好合适，起到非常好的
保护作用，几十年过去了，包装盒历久依然结实。行内资深人士往往还没
看器物，一看包装盒，就知道是仇焱之旧藏了。（我咨询过许多藏家、拍
卖行，想找匠人按仇焱之包装盒的式样为我的藏品定做包装盒，可无论北
京、上海、广州、香港都找不到能做这种包装盒的手艺人了，在不知不觉
间，随着一些手艺人的离去，某些传统工艺也慢慢湮没了。）

　　天民楼还专为这对黄釉小盘做了两个红木底座，可以把两只小盘立起

来陈设，这样一来就把实用器变为陈设器了，效果立即大不一样，在预展的一众展品里，它们是最出彩的，如双璧屹立，熠熠生辉，夺人心魄，散发着强大的气场。

"越女新妆出镜心，自知明艳更沉吟。齐纨未足时人贵，一曲菱歌敌万金。"

负责天民楼藏瓷专场拍卖的中国嘉德拍卖四季陶瓷工艺品部总经理刘旸，是最了解天民楼这批拍品的征集情况的。他告诉我，苏富比这批拍品与嘉德是同时在天民楼征集的，当时分了两堆，两家公司各一堆，两家同时在场互相看着，货品基本扯平，才各自欢喜而去。他记得清清楚楚，当时苏富比那批货品里绝对没有这对雍正黄釉小盘在内，可能是苏富比上拍前为了加强专场的号召力，又去找葛先生多拿了这件拍品，这是专门增加的重量级拍品，特意为苏富比这场拍卖来加分的。当然，这对盘也确实够分量。

刘总还非常疑惑地问："拍卖时你在现场吗？"

"我在现场呀，我自己举牌的。"

"那是谁跟你争呀？那么大胆！"

别提了！一提起来就是一肚子气！跟我争的是坐在我前面右侧四五排的一对五六十岁的男女，从后面只看见他们头发花白，身材偏胖，穿着普通，不像是香港本地那些衣冠楚楚的藏家。那对夫妇在本场内也有参与其他拍品的举牌竞价，有没有竞得我没太留意。但在这对黄釉小盘竞价时，竞价到了 80 万之后，就是我跟他们之争了。本来到了 100 万时，看到那男的就准备放弃了，拍卖师要敲槌了，这时那女的就在男的耳边嘀咕了几句，那男的把持不住又哆哆嗦嗦举起牌来，接连好几次都是如此，没有这女人的掺和，我早就拿下了。那一对"坏人"让我恨得牙痒痒的！（我区分好人和坏人的标准很简单：凡是不要命地跟我争拍品的，都是"坏人"！）

如果不是跟天民楼葛师科先生素有交往，如果不是敬佩葛先生的人品，如果不是以天民楼为榜样，我可能早就放弃了，事出有因，志在必得，那就一往无前，竞得方休！

拍卖场上也有因竞价至反目成仇的情形，即使是朋友之间。有位著名收藏家告诉我：多年前一个香港拍卖会上，收藏大家张宗宪举牌竞争一件拍品，争得非常激烈，而且竞价的双方都是认识的。只见张宗宪怒气冲冲走到对方面前，当着对方面举牌，自己举完牌后恶狠狠地盯着对方，意图威吓对方。那人吓得低着头，缩成一团，不敢正眼瞧瞧站在自己面前的张宗宪，可是拿着牌子的手依然还在举，还在竞价……

也有人告诉过我，以前国内拍卖时曾发生过这样的事：双方竞价十分激烈，气得其中一方跑到对方跟前，红着眼睛，龇牙指着对方破口大骂："举什么举！再举一下，出门就把你灭了！"吓得对方屁滚尿流扔下牌子马上开溜。

拍卖场上这些事情听过但没见过，可能现在文明多了。历史上也有文试以比武分胜负的趣事。

古时候考状元最后一关是殿试，宋朝殿试三大题目"一赋一诗一论"，由皇帝择优决定谁是状元。开宝八年（即公元975年），宋太祖赵匡胤亲自主持殿试，粗通文墨的宋太祖要在字里行间决定读书人的高低，真是有点难，因为经过童生、秀才、举人、进士的考试之后才到殿试决定状元，大家的文笔水平不会太差。怎么办？赵匡胤就定下一个规矩："每以先进卷子者赐第一人及第"，即谁第一个交卷，谁便是状元，因为交卷快至少说明才思敏捷，想来办事能力也不会太差。赵匡胤这次出了个题目"桥梁渡长江"，大家奋笔疾书，没想到两个考生一同起身，一同交卷，让宋太祖、考场监考官和其他学子惊呆了。当时没有录像回放，分不出前后的差别。现在来说可以并列第一，那时可是要分出状元啊！这两个考生一个叫做王嗣宗，一个叫做陈识，文才都很好，宋太祖无法分出高下，怎么办呢？倚仗着"一根齐眉棍、三十二式长拳"打天下的宋太祖赵匡胤，想出了一个办法，既然文笔不分高下，那就比武定输赢吧，谁打赢谁就是状元。

状元郎不是兵大哥，读书人讲究的是斯文，没想到读书人考个状元还要比试拳脚功夫。具体怎么比呢？不比十八般武艺兵器，毕竟两人都是书生，争的是文状元，不是武状元，弄刀耍枪不在行，就比"手搏"，就是两人徒手打一架，看谁赢，赢了就是状元。

"手搏"在比武殿举行，百官齐集，天子坐堂，史无前例地以打架胜负来定状元之战开始了。三通鼓响，胸怀锦绣文章、手无缚鸡之力的两个读书人隆重出场。十年寒窗那么苦，为的就是金榜题名，此时此刻顾不上斯文扫地，拼了！两人张牙舞爪，嚎叫着奔向对方，开始了空前绝后的状元争霸战。

两个孱弱文人你拉我扯，拳打脚踢，打得鼻青脸肿，一时倒也分不出胜负。没料到两人文才不分上下，连"武功"也不分伯仲，宋太祖和群臣看得哈哈大笑。正撕拽间，王嗣宗眼疾手快，一把扯掉陈识的头巾，陈识因为是秃顶，连忙用手护着头，被王嗣宗趁机连抱带摔，摁倒在地。不等陈识爬起来再战，王嗣宗飞奔跑到赵匡胤面前大喊："臣胜之！"

带兵打仗起家的赵匡胤被眼前两个书生这等打法笑到肚子痛，当即钦定王嗣宗为状元郎。两个读书人，一个摸着头巾垂头丧气，一个高兴得大呼小叫："我是状元！"

王嗣宗虽然后来成为宋初名臣，但也留下了一个不那么好听的"手搏状元"（意思是靠打架才拿到的状元）之名，在宋代偃武修文的风气下，这并非一个好名声。

上述故事我不是胡编的，司马光的《资治通鉴》有记述其事。

现在社会越来越文明，虽然内心气得不得了，但场上仍是君子之争，收藏本来就是风雅的事，怎能像江湖争斗一样呢？

仅借述此故事聊表当时心情的波澜，虽事情过去但历历在目。

早在看预展时，我就在这对小盘前徘徊良久，看了又看，还先后上手三回，端是极为喜爱。时任苏富比中国及东南亚区董事、中国瓷器及工艺部资深专家沈恩文见我反复端详，就过来对我说："仇焱之的藏品以精美著称，不是隽品难入他的法眼，再经天民楼的遴选，路份非常好。这对小盘釉色均匀，器形周正，大小一致，不瓢不翘，款识相同，一对流传，殊为难得。"

沈先生是苏富比的资深专家，对瓷器研究甚有心得，我过往在苏富比看预展时，曾多次向他请教。我的著作《你所不知道的中国收藏》在香港首

时任苏富比资深专家沈恩文与和冯玮瑜一起鉴赏雍正黄釉对盘

出席《你所不知道的中国收藏》香港首发仪式的唐晞殷、陈益峰、蒋念慈、阮永根、李佳、黄少棠、吴欢、冯玮瑜、翟建民、沈恩文、黄河（由左到右）

度发行时，他还专门到来捧场，为我站台。

瓷器收藏界有一句老话："明看成化，清看雍正。"意思是明代瓷器顶尖的是成化瓷器，清代瓷器最好的是雍正瓷器。雍正有着非常超卓的艺术品位，他为人严苛，要求烧造的御窑瓷器体现含蓄雅致的审美情趣，工艺制作十分考究。不论是器形的比例关系，还是线条、画工，都有很高标准。雍正御瓷以秀丽淡雅著称，这对小盘，单独一只看不觉得有什么特别，但一对陈设起来看竟是那么的明艳动人，釉色均匀，形雅胎薄，清朗简约，盘底的楷书款识笔画隽秀。

立件是陈设器，是观赏用的，一般来说，在收藏市场，陈设器比实用器价格要贵些。

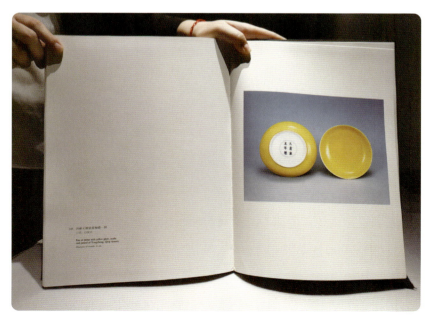

《天民楼藏瓷》上册第 140 页著录的雍正黄釉小盘

只见这对小盘如双璧屹立，绚丽悦目，气度逼人，从形态、颜色、气韵上直击心灵，超越时空，散发着奢华而又尊贵的皇家气息。

这对雍正黄釉盘，曾参加 1987 年香港艺术馆的天民楼藏瓷展览，编号为 140。那场展览，就是天民楼藏瓷首次面世的大展，震撼了整个收藏界，面壁十年终破壁，一朝修得功夫成。那场展览也是天民楼扬名立万的高光时刻，就像在武林大会上，倚天不出，谁与争锋！当其时这对黄釉小盘已经在跟随天民楼打天下了。在《天民楼藏瓷》上册第 140 页，它赫然在目。

在这对雍正黄釉小盘的包装盒上还贴上一个重要展览标签"天民楼青花瓷特展 U.S.A. 30 台北鸿禧（九二）"，1992 年春，天民楼在台北鸿禧美术馆举办天民楼青花瓷特展，难道这对雍正黄釉小盘也是当时展品之一？我专门查阅了鸿禧美术馆出版的《天民楼青花瓷特展》一书，书本著录却没有它的图片。是不是它有参加展览，但因为不是青花瓷而没有收录呢？日后见到葛师科先生，当会向他求证。

2023 年 3 月 14 日，我到香港浅水湾的天民楼拜访葛师科先生，特向他了解此对盘有没有参加台湾的展览。他一见到包装盒，指着包装盒上"雍正鸡油黄小盘一对"贴签激动地说："这是我父亲的字，是我父亲亲手写的，这是我家的旧藏。"原来这几个字，是葛士翘老先生的亲笔，弥足珍贵啊！

葛先生想了良久，说记不清这对黄釉盘有没有去参加台湾的展览，还自嘲说自己今年 90 岁了，脑筋有点记不清了。然后他去房间拿出计算机，打开档案，查看另一标签上"天民楼 DC6"的数据，然后高兴地把计算机递给我看里面的数据，并说道："没错，这确是我家的旧物，是 1981 年 5 月 19 日买的，买入价是 63800 元。"

▍雍正黄釉对盘包装盒

1981年的6万多元，那时可是大钱啊！1981年全国的平均工资才一个月64元，要不吃不喝工作8年多才能买下这对雍正黄釉盘。

据相关统计资料，1981年我国人均GDP是497元，而到了2022年，我国人均GDP已达85698元，上涨172倍。假如居民财富的增长速度跟GDP的增长速度保持一致，那么意味着1981年的一万元至少相当于现在的172万元。不考虑当时汇率直接换算，这对雍正黄釉盘对应为现在的1000多万元。

葛师科先生在天民楼藏品上拍前接受媒体采访时曾坦言："拿出去的东西（指拍品）都是在三四十年前买的。现在要买到这样的东西，已经很难了。"

我到香港苏富比提货时，香港苏富比亚洲区中国艺术品部副主席李佳小姐专门在办公室等我，她边拿出来让我验货边说："这对黄釉盘勇夺这场天民楼专场的桂冠，确实是好东西来的。"

"就是太贵了。"我说。

苏富比亚洲区中国艺术品部副主席李佳和冯玮瑜交接雍正黄釉对盘

李佳笑笑说："一件精美的御瓷，其实几百年流传下来，能够保存完好的非常不容易，要是一对就更难了。"我有点好奇地问："那么多价值连城的宝贝在你们这里，那你们又如何保证它们不出状况呢？"

李佳回答："在仓库还好办，最担心就是出去巡展。瓷器是易碎品，一不小心咣当一声，几百年上千年的流传就没了，罪孽啊！每次巡展我们都做足安全措施。记得多年前有次在日本做巡展，刚好碰上地震，我们没有撒腿往外跑，而是每人怀抱着一件最贵重的展品，躲在桌子、凳子下，顾不得房屋倒塌的危险，真是宁可赔上自己的命，都要保护好拍品。"

是的，花有重开日，人无再少时，一件几百年前的御用瓷器，完好无损地传承至今天，得到多少代人呕心沥血的呵护。这对雍正黄釉小盘有幸得仇焱之、天民楼两大藏家的精心照料和传承，才能完好如初。这件藏品有两位大收藏家递藏，有重要展览展出，有权威出版著录，是多么难能可贵。两百万花掉了可以重新赚回来，而与这对雍正黄釉小盘一旦错过，可能就如参星和商星起落，再难相见。想到这里，我觉得太贵的心结已解，世间万物的相聚，一切随缘。

今日这对雍正黄釉小盘入藏于我，也就意味着与天民楼挥手作别。命运弄人，个中滋味，如人饮水，冷暖自知，谁的新欢不是别人的旧爱，看开了就云淡风轻。想想那些古董，在属于我们之前，不知被多少人拥有过，经历了多少战争和天灾人祸。我们之所以能得到它，是因为有人失去了它。世间的事，不是聚就是散，有散才会有聚。

共同理念的碰撞，也带来器物的相聚。这对雍正黄釉小盘终归于我，前两任藏家声名赫赫，唯望我的自得堂也不辱没于它，长明如初。

薪火相传，自有后来人。

玮 / 瑜 / 说

收藏与理财

## 也论溢价竞投，收藏界的"巴菲特效应"

2024 年 7 月，94 岁的巴菲特对媒体披露了他的最新遗嘱，股神即将"交棒"的氛围愈发浓厚，分析师甚至开始计算褪去"巴菲特效应"的伯克希尔股价该如何定价。

"当我们这个时代最伟大的投资者大举投资某种资产时，市场也会哗然跟随。"这就是被华尔街命名为"巴菲特效应"（Buffett Effect）的市场现象。长久以来，追踪亿万富翁投资者、"股神"沃伦·巴菲特投资股市的足迹一直都是最受华尔街青睐的"游戏"，市场似乎总是会听他的话，买进他所买进的，卖出他所卖出的。巴菲特概念股的价格在"股神"号召力的推动下，一路高歌猛进。2016 年巴菲特首次公布持有 12 亿美元的苹果股票之后，苹果的股价大涨了 9%。当时苹果公司市值仅数千亿美元，如今最新市值突破 3.5 万亿美元（截至 2024 年 7 月 9 日）。伯克希尔持有苹果 5.9% 股份，价值约为 1570 亿美元，账面盈利高达 1200 亿美元。

股神的引领效应在于投资者"通过买入持有试图理解他（巴菲特）所看到的东西"，最终，在数年之后，事实证明股神是对的。巴菲特第一次向公众建议购买美国的股票是在 1974 年。在当年 11 月 1 日的《福布斯》杂志上巴菲特说，"现在是投资股票致富的时机"。当天，道琼斯工业指数收于 665.28 点。一个月之后，道指跌至

577.60 点，然后开始一轮牛市。此后 1979 年、1999 年用同样的方式，巴菲特成功预告了牛市的开始与互联网泡沫的终结。从历史经验看，巴菲特对于顶部和底部的判断要比市场早数月至半年。若要在瓷器收藏界推选能与投资界股神的号召力媲美，天民楼实至名归。

天民楼，全球私人藏瓷的金字招牌，在收藏界有着高入云端的威望。特别是在 1996 年，著名古陶瓷学者汪庆正先生曾为上博展览写序言道："这是世界范围内，私人收藏元青花最多的单位，即使连同公有收藏单位计算，天民楼仅次于'Topkapi'（土耳其托普卡比博物馆）和'Ardebi'（伊朗阿德比尔清真寺），属全球第三位。"个人收藏元青花瓷器已超越了两岸故宫，成为全球第三，这是多么了不起的个人藏家啊！

仇焱之的声名如雷贯耳，在中国古代瓷器收藏界无人不知。他是一代瓷器收藏大家，是当期世界四大收藏家之中唯一的亚洲人。在国外期间，他曾见到八国联军劫掠的很多中国艺术品被收藏者们粗暴对待，但以他的财力无法全部收购。为此他撰写了大量介绍中国艺术品的书籍，并在欧美的博物馆、基金会和收藏团队间不断游说，只为让这些艺术品得到更好的对待。仇焱之"鸡缸杯捡漏"的传奇故事为世人传唱，而他的爱瓷之心更值得尊敬。

顶级藏家除了眼力、情怀、令人敬佩的人格魅力，还要兼具严谨的治学态度。嘉德四季瓷器工艺品部总经理刘旸曾说，他去天民楼征集时，看到葛家两代人所做的卡片资料都细致保存着，每一件藏品都有非常完整的档案。所以，完整的收藏不光是买卖，对藏品的学术研究、展览、出版也是很重要的方面，这是一个系统的行为。市场并不缺资金，缺的是像天民楼里这样有传承、有品质、有品位的藏品。什么是好藏品，我们需要有一个新的定义，出自顶级藏家之手，流传有绪的藏品，其市场附加值会越来越高。

我踏月而来，

因为你花开。

菊瓣四十二，流光皎洁时。

一色世界深邃，

一盘天堂轻盈。

月挂天心人半醉，

玉质冰肌，

清辉相映，

宛若你我，心中藏着的白月光。

花好月圆，夜未央。

咏清乾隆白釉菊瓣盘

第三篇

【我心皎洁如明月】

一只唐英督陶，霍宗杰旧藏
清乾隆白釉菊瓣盘入藏记

藏品名称： 清乾隆白釉菊瓣盘

款识： "大清乾隆年制"六字楷书款

尺寸： 口径 17.9 厘米

年代： 清乾隆

来源： 1.霍宗杰旧藏 编号：D字№ 17

2.中国嘉德 2019年6月4日 供御——宫廷瓷器及古董珍玩 编号：2711

**冯玮瑜藏瓷精选：** 此盘以菊瓣为形，圆瓣舒展，圈足稳重，宛如自然之韵凝结而成。盘之内外，皆施以白釉，釉色莹润如玉，洁白无瑕，恍若未经岁月雕琢，自有一份从容淡然之气，气韵天成，宛若绝代佳人，风华绝代。

月到天心人半醉，十年风月旧相知。

华灯初上，京城的春夜，一场高贵华丽的晚宴正在金宝街的京港中心宴会大厅隆重举行，鲜花着锦，裁红点翠，嘉德的春拍酒会群贤毕至，冠盖云集。嘉德的领导陈东升、胡妍妍、郭彤、戴维、栾静莉、宋皓、于大明、乔皓、王婷、程玉洁等悉数在场，衣香鬓影，旧雨新知，欢聚一堂，觥筹交错，把酒言欢，人面桃花相映红。

嘉德客户总监程玉洁端着一杯红酒走过来，酡红的脸笑意盈盈地问："还记得吗？你第一次到嘉德办牌，找的就是我。"

当然记得了，那是多年前的事了，我自个儿到北京国际饭店一楼嘉德预展现场办理竞拍牌号，嘉德店大客多，人来人往的，那时我连一个嘉德

与嘉德客户总监程玉洁（左）、瓷器部总经理于大明（右）在晚宴上合影

的人也不认识，心中有点忐忑，就想逮个好说话的来询问，左看右瞧，笑容最好的就是程总了，看样子她好像是个头儿来的，我就走过去问她怎么办牌参加竞拍。

程总笑容可掬地问："第一次参加嘉德拍卖吗？"

"是的。"

"参加我们拍卖要给保证金的。"

"知道。这保证金要二百万，能优惠一些吗？"

程总看着我，可能见我是个单薄的年轻女子，怜香惜玉，想了一下，微微一笑，问："你在嘉德客户里有没有熟人呢？"

我四下望望，没有一个熟悉的。"我不知道，我第一次来的。"

"认识我们的领导吗？"

"领导……"我沉吟一下："他们不认识我。"

"你是竞拍书画还是瓷器杂项呢？"

"都参加。"

"那……公司规定第一次参加拍卖要给保证金的，不过，买过以后有良好记录就不用了。你看这次是不是先交保证金呢？如果没拍到，会全额退款的。"程总依旧笑容可掬，可听那口气，这参加嘉德的拍卖会的保证金少不了，这门票忒贵的。

那时青涩呀，不晓得有找个熟人签名担保也可免交保证金的，没享受这个福利，乖乖地交了 200 万元保证金，领了个入场竞投牌。

我跟嘉德的结缘就从此开始的……

遇见对的人，会让你成为更好的自己。遇到好的拍卖公司，会让你在收藏道上行稳致远，一路走来，嘉德确是给我很大帮助的好公司。

早在这次拍卖前的 2019 年 5 月 15 日，我和嘉德联合在广州搞了个活动"不到麓湖，怎么知春色如许？——看广州艺术圈的顶级美食会"，时任中国嘉德陶瓷及古董部总经理于大明亲临酒店会推介嘉德春拍精品，于总人才学识，风度翩翩，迷倒了不少广州美女老总，都在现场急着加于总的微信。

转眼到了 6 月 2 日，一年一度的拍卖盛事"嘉德春季拍卖会"已在预展进行中，我到了北京国际大饭店看嘉德预展，在陶瓷展场的贵宾室里，忙得不可开交的于总专门抽空陪我一件一件地看感兴趣的拍品。那件最后成交达 2990 万的明星拍品"清嘉庆松石绿地洋彩穿花螭龙纹如意万代耳云口瓶"也上手细细欣赏过，但我最感兴趣的倒是一只乾隆白釉菊瓣盘。

该盘呈菊瓣形，圆瓣，圈足。盘内外均施白釉，釉色莹润，洁白无瑕，没有一点岁月雕刻的痕迹，从容淡然，气韵天成，真如一个绝代佳人般美妙。

▌ 冯玮瑜上手鉴赏"清嘉庆松石绿地洋彩穿花螭龙纹如意万代耳云口瓶"

　　除了釉色漂亮，这只菊瓣盘还有一个让人眼前一亮的地方，就是盘底青花书"大清乾隆年制"六字双圈楷书款，注意——楷书款！乾隆御窑瓷器大多是篆书款的，楷书款颇为罕见。

　　雍正粉彩器以柔丽淡雅而名重一时，乾隆粉彩器则以色彩浓艳明丽，纹饰繁缛而闻名，尽显御用器的奢靡之风。《饮流斋说瓷》评价乾隆瓷器："至乾隆则华缛极矣，精巧之至，几于鬼斧神工。"乾隆御瓷以繁缛最为著名，而这只乾隆菊瓣盘却非常简洁，虽然是单色釉瓷器，精美程度跟雍正的菊瓣盘不遑多让。

　　对于乾隆楷书写款，学术界曾经有过大量的研究，如今普遍定论是：它是乾隆初期唐英任督陶官时使用的独特字体，存世罕见，因为这种楷书款识使用的时间很短，仅仅两年多。

乾隆登基之初对于官窑瓷器的款识字体并没有严格规定，御窑厂当时沿用雍正御瓷书写款识的习惯烧造，有用篆书体，也有用楷书体。但到了乾隆二年（1737）十月有专谕下发，以后统一要用篆书体。

据乾隆二年《清宫内务府造办处活计档》记载："十月十六日：司库刘山久、七品首领萨木哈来说太监毛团、胡世杰、高玉交篆字款纸样一张，传旨以后烧造尊、瓶、罐、盘、钟、碗、碟瓷器等，俱照此篆字款式轻重成造。钦此。"

乾隆皇帝好古敏求，似乎特别喜欢篆体款识，并且专门提供款样，要求以后烧造所有御瓷皆按此书样来写篆书款识。至此，楷书款在乾隆二年

与时任嘉德瓷器部总经理于大明在预展上鉴赏乾隆白釉菊瓣盘

乾隆白釉菊瓣盘楷书款识

十月之后停用，日后所见的乾隆御瓷，均是篆书体的。楷书体的乾隆御窑瓷器，只在乾隆元年至二年时期烧造。

那段时期的督陶官，就是在中国陶瓷烧造史上彪炳千秋的人物——唐英。由此可以推断，存世极少的乾隆楷书款识的瓷器，应为唐英督陶时期的名作——唐窑。

收藏中国古陶瓷的没有不知道唐英名字的，他由雍正六年至乾隆二十一年负责督理景德镇御窑厂的事务，在他督理下，中国古代瓷器烧造继宋瓷之后又达到了另一个高峰。

唐英在其编撰的《陶人心语》中写道："杜门谢郊游，聚精会神，苦心竭力，与工匠同息食者三年。抵九年辛亥，于物料、火候、生克变化之理，虽不敢谓全知，颇得于抽添变通之道。讲求陶法，于泥土、釉料、坯胎、火候，具有心得，躬自指挥。"

一个本来高高在上负责管理的督陶官，为了掌握制瓷技术，放下身段，与工匠同息同食三年，虚心实意做一个"三同户"，这是何等的敬业和专注！经过三年的同吃、同住、同劳动，他掌握了全套制瓷技术，加上本身又有极高的文化底蕴，在唐英的带领下，在中国制瓷史上声名赫赫的"唐窑"横空出世，唐窑瓷器非常精美，其制作水平和质量都达到前所未有的高度，实现了文人意趣与制瓷技术的高度融合，达到清代制瓷史的高峰，也是中国制瓷史的又一个高峰。

能够以督陶官姓名闻名于后世的只有藏应选的"藏窑"、郎廷极的"郎窑"、年希尧的"年窑"、唐英的"唐窑"，而成就最大的，就是"唐窑"的唐英。

炜瑜说瓷

　　唐窑：是指唐英督陶时所烧造的瓷器，大部分是精美的御瓷，也有极个别是唐英署名本人使用的瓷器。唐窑烧造水平达到了清代瓷器的最高峰。

▌石雕唐英像

唐窑无论造型设计、装饰方法、彩绘画上，集过去所有制作技艺之大成，其器有仿古各釉色，悉能巧合，又创制洋紫、冻青、银洋彩、水墨乌金、珐琅、洋彩、黑地五彩、蓝花、黑地描金、窑变等，集釉色美之大成。其制瓷特技如镂空转心、天地交泰、玲珑透雕等，已臻妙境，所制各类工艺品及蟹螺等像生瓷形神兼备。且有自制诗、画及各体书，制成屏对，极为精雅。

唐英在景德镇督陶时间长达近30年，是景德镇御窑厂督陶时间最长、成绩最显著的督陶官。他悉心钻研陶务，身体力行，不仅经验丰富，而且还对景德镇瓷业生产技艺进行科学总结，从理论上加以提高，先后编写出《陶务叙略》《陶冶图说》《陶成纪事》《瓷务事宜谕稿》等著作。

各色菊瓣盘始见于雍正一朝。《清档·雍正记事杂录》记载，雍正十一年（1733）"十二月二十七日，内务府总管年希尧家人郑天赐宋涛各色菊花式盘十二色，内每色一件。司库常保、首领太监萨木哈呈览。奉旨：着交与烧造瓷器处，照此样每式烧造四十件"。后来乾隆朝延续烧造，但存世者寥寥无几，相对多见的又为底落"大清乾隆年制"六字青花篆书款。这只菊瓣盘落"大清乾隆年制"六字双圈楷书款，当为乾隆早期菊瓣盘，甚为稀罕。

见我看得认真仔细，于总就补充介绍：这只菊瓣盘出自著名收藏家霍宗杰先生旧藏。

霍宗杰的大名早就听说过，前几年曾有一个新加坡的书画大藏家约我一起去香港拜访他，后来因故没有成行。2016年6月3日，北京保利春季拍卖会曾推出一批霍宗杰珍藏的近现代书画精品，拍品囊括齐白石、张大千、徐悲鸿、吴昌硕、于非闇等艺术家的典型题材的代表作品上拍。

霍宗杰旅居加拿大，祖籍广东省江门新会，著名实业家、文物收藏家，是加拿大华人社团中一位杰出侨领。

霍宗杰还担任香港道德会永远会长、香港中药联商会永远会长、北京大学名誉校董等多个社会职务。霍宗杰及香港道德会广泛资助国内贫困大学生完成四年学业，在多间大学设贫困学生助学金，分别为：北京大学1600名、中山大学600名、厦门大学400名、上海交通大学400名、华南农业大学300名、贵州大学200名、贵阳学院50名、贵州师范学院50名。他还捐赠过不少书画文物给国内的博物馆。

早在20多岁时，霍宗杰就倾心艺术品收藏，历经60余年，其收藏贯穿古今，涵盖器物、书籍、书画等门类，其中尤以中国近现代书画大师之作的收藏精深，曾出版过《霍宗杰书画藏品集》。

于总特意将这只菊瓣盘的包装拿出来给我看，只见包装盒造工精细，上面还贴着一张红笺标签，墨书小楷："大清乾隆年制官窑白釉葵花碟 广东新会霍积成堂珍藏。"字体整洁漂亮。包装盒上还有另一张收藏签："D字 No 17 大清乾隆官窑葵花白瓷碟"。收藏大家真是不同凡响，连包装盒也制作得如此不凡，可知霍宗杰先生对收藏的厚爱。

玮瑜说瓷

　　霍积成堂：收藏家霍宗杰的堂号。大多数收藏家都喜欢起一个私人堂号，来反映自己的志向、情怀，借堂名抒情，托堂名言志，表现个人的文化底蕴，彰显自己的志趣所在。

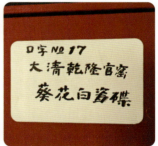

包装盒照片

　　晋人陶渊明喜爱菊花，其有诗云"采菊东篱下，悠然见南山"。陶渊明不与世俗合污，淡泊致远的高尚品格，使得菊花被赋予了"凌霜飘逸，世外隐士"的象征，更得世人的认可和喜爱。《红楼梦》的作者曹雪芹也在"咏菊"诗云："一从陶令评章后，千古高风说到今。"

　　中国的文人雅士都喜爱菊花的高洁，用来比喻自己的品格和操守。白菊更加茕茕独立，卓尔不群，"白艳轻明带露痕，始知佳色重难群"。这只乾隆白釉菊瓣盘，造型隽美，釉光鲜亮，犹如盛开的白菊，纤尘不染，玉洁冰清，彰显出无限清新脱俗的艺术魅力。

以精美著称的唐窑、罕见的楷书款识、大藏家霍宗杰旧藏，集诸般优点在一身，我怦然心动，暗暗对这只菊瓣盘有了入藏的念头。

6月4日的夜场，是嘉德拍卖传统的重头戏，书画的"大观"和瓷器"供御"在 A、B 厅同时开拍，吸睛无数，无论是收藏家还是行内人士，都无比关注嘉德夜场，这往往也是艺术品行业的年度风向标。嘉德夜场的成功，引得京城拍卖有种潮流——重点的专场、重点的拍品都放在夜场上拍。提起夜场拍品，好像就比日场高几个档次似的。连拍卖行业内部都说：夜场拍得好不算什么，日场拍得好才是真的好。可见行业内认为夜场拍品素质较好。

夜场开拍前的两个小时，我约了时任嘉德四季陶瓷工艺品部总经理刘旸到嘉德艺术中心马路对面的华侨大厦一起吃晚饭，老朋友有机会总会聚一聚，没有约于总是因为前几天嘉德春拍酒会才跟于总喝过酒，料想今晚拍前他会忙得团团转的，就不忍心再打搅于总。

为了赶得及晚上八点开始的拍卖，我和刘旸约好提早到晚上六点就开饭，刘旸满头大汗地急脚赶来，刚要坐下来，旁边几桌都纷纷跟刘总打招呼，原来都是嘉德的客人，不约而同先在这吃晚饭，踩着时间点再去参加今晚的夜场。

刘旸人缘好，朋友多，团团转地去跟各桌的朋友寒暄一番后，我们才有工夫好好深聊。我们聊完上月"嘉德四季"拍卖里 100% 成交的"天民楼藏瓷"专场，话题就转到了今晚的夜场，刘旸问我看中了什么？我就提到了这只菊瓣盘，刘旸由衷点头称赞眼光真好，他说："这只白菊盘大开门的，真漂亮！我手上已有三个客人下了委托也要买这件了。"

"啊？"我心中暗吃一惊，光是刘旸手上就有三个客人要竞拍这件，

刘旸和冯玮瑜在"自得堂"合照

那么还有其他的客人呢？对手真不少啊。我不好直接问刘旸他的客人会出价多少，就拐了一个弯问："刘总，你估计这件会拍到什么价格？"

"我想，120万到150万吧。"

"对对，我看也是这个价。"我附和着刘旸，心中却有数了。

刘旸又问我："那你为什么也认为是这个价呢？"

"这次春拍嘉德跟保利是同期举行，除了嘉德有这只菊瓣盘外，保利一下子又推出了 5 只不同釉色的菊瓣盘，雍正和乾隆的都有，标价在 120 万至 220 万之间，釉色非常好，品相也相当不错，我自己最近几年也买过几只菊瓣盘（详见拙著《你所不知道的中国收藏》和《藏富密码》及《时间的玫瑰》），结合现在市场来看，保利 120 万的估价比市场价略低一些，成交价会比估价要高。保利这几只菊瓣盘与嘉德这只比，是同一档次的。因为同一时间出现了多只菊瓣盘，会分薄资金和注意力。按以往拍场所见，雍正盘成交在 150 万至 250 万之间，乾隆的价钱要低一些。嘉德这只是乾隆的，但款识特别，所以价格会跟雍正差不多，大概在 150 万左右吧。说实在的，我在保利也看中了一只，也会去竞拍。"我把自己的想法和盘托出。

刘旸好奇地问："你已有几只菊瓣盘了，还要买？你现在到底有几只了？"

"现在才只有三只，如果拿到嘉德这只，再加上保利那只，也不多，才五只。"

"你看中保利是哪一只？一定要拿下？"

"保利那只是一定要拿下的！因为那只是乾隆柠檬黄釉，不管多少钱我都要拿下的，原因是我在嘉德已买了一只雍正柠檬黄的了，必须拿下保利那只乾隆柠檬黄，这样我的就雍正乾隆都有了，菊瓣盘的黄釉系列就整齐了。"

还没开拍，就夸下海口指名道姓地说一定要买到这件那件的，这是搞收藏的大忌，因为事前泄漏了自己的意向，保不准委托方一旦得知，在拍卖时故意跟你抬价，一直顶到你吐血为止。但我与刘旸关系不一样，是无话不谈的朋友，才敢吐露真言。

　　离开拍还有半个小时，刘旸要急急赶回去协助夜场拍卖。嘉德的团队建设真不错，虽然不是同一个部门，有事时各部门同心协力，守望相助，"打虎亲兄弟，上阵父子兵"，这才是百年企业的公司文化。我也去到了嘉德艺术中心，当晚A厅、B厅晚上都有重要场要拍卖，A厅是"大观——中国书画珍品之夜"，B厅是"供御——宫廷瓷器及古董珍玩"，书画比瓷器早半个小时开拍。"大观之夜"在行内享有盛名，它的拍卖结果就是年度的风向标。参与的人多得挤到拍卖厅外的走廊里，像"春运"一样人头涌涌，还要凭竞拍号牌进场，大家都说"艺术品的春天到了"。我也在探头探脑地往A厅挤，不光是看热闹，也看成交结果，因为我也有收藏书画，每年都有入藏。在挤的时候正碰到了急匆匆向B厅赶脚的于大明，他一见到我就停住脚，叫我："正找你呢，快到B厅去吧，要开拍了。"

　　"好嘞，马上过去。"我笑着掉头转往B厅去。

　　瓷器虽然没有书画那么火爆，人还是坐得满满的，后面也站了几排人，嘉德这场瓷器春拍，东西整齐，挺不错的，看得出在于总的带领下，一场比一场进步。

　　这个夜场由2701开始起拍，白釉菊瓣盘拍卖编号是2711，也就是第11件，前面几件都拍得不错，我在现场观察到，有一两个牌连续抢了几件大价货，都是远远超出底价的，"善者不来，来者不善，都是有钱的主啊！"我已做好拼价格的心理准备。

　　很快就轮到白釉菊瓣盘了，拍卖师喊出80万的底价，我举牌应价。拍卖师左顾右盼，连续叫价多次，见没人跟着出价，把槌一敲"啪"的一声，成交了。

　　80万？底价成交？算上佣金，才92万成交，真出乎意料，我都有点

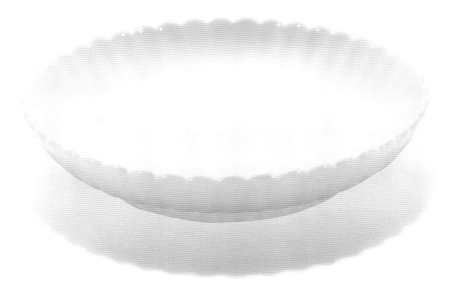

乾隆白釉菊瓣盘

不相信眼前发生的一切，不是有几个人同时看上了吗？

"恭喜你！"刘旸的微信马上过来了。我抬头望望高坐在委托席上的刘总，他笑着对我点点头。

"这个价格太合适了。"他的微信又到了。

"谢谢刘总！"

"我的客人前面举了两件拍品，有点软了。"

"真开心！原估计要 150 万以上的。霍宗杰的旧藏，底价竞得，太开心了！"

以出人意料的价格拿到后，我并没有急着离场去 A 厅看书画的拍卖，我还要留在瓷器拍卖现场，今晚拍卖的主角是 12 个号码后的封面拍品，也是这个春拍夜场的明星拍品——清嘉庆松石绿地洋彩穿花螭龙纹如意万代耳云口瓶。结果以 2990 万元成交，立即就被刷屏了。

玮瑜说瓷

　　洋彩：是乾隆以后对粉彩的别称。"洋彩"这个名称最早在雍正十三年（1735）唐英所撰《陶务叙略碑记》里出现，文中对洋彩做了解释："洋彩器皿，本朝新仿西洋珐琅画法，人物、山水、花卉、翎毛无不精细入神"。乾隆早期，唐英延续雍正晚期的洋彩创制，使用珐琅彩料，运用西洋画法，在景德镇制作了华丽多彩的"磁胎洋彩"。釉料多为进口料，用油来调彩也属于西洋技法，所以在景德镇烧造的粉彩瓷器又被称为洋彩。

这只嘉庆洋彩瓶，其实有个故事：1995 年 10 月，它首次出现于中国嘉德，当时的拍卖成交价是 44 万元。2006 年 12 月，它又现身于北京翰

嘉德拍卖嘉庆洋彩瓶拍卖现场

海拍卖，成交价已达到 682 万元，11 年翻了十多倍。直到 2019 年，它又重新回到了中国嘉德，成交价已是 2990 万元，比 24 年前，增值了 68 倍。

　　24 年增值率为 6800%，这样的投资回报率，即使是房地产也比不上。前两任藏家真是有眼光！事实证明，艺术品也具有金融属性，也有投资增值的功能，"收藏理财"不是空喊口号的，它确实是资产配置的一个好选择。

　　嘉庆松石绿地洋彩穿花螭龙纹如意万代耳云口瓶与乾隆白釉菊瓣盘同样精美，一个繁缛多彩，一个是洁净如初，各有各的美，各花入各眼，我更喜欢纯净的。这只乾隆白釉菊瓣盘能否复制嘉庆松石绿地洋彩穿花螭龙纹如意万代耳云口瓶 24 年 68 倍的收藏理财成功故事呢？我不知道，24年后再看看。

　　真玄啊！如果白釉菊瓣盘排在这件明星拍品的后面，或许就不会能以底价竞得了，一件好拍品一旦带动起人气来，气氛一热烈，后面的拍品往往也跟着拍出高价。

　　2019年春拍第一只菊瓣盘拿到手了！

　　6月5日晚上，保利夜场的五只菊瓣盘拍卖成交价出来了：雍正粉青釉菊瓣盘成交价为161万元、雍正白釉菊瓣盘345万元、雍正紫金釉菊瓣盘460万元、雍正洒蓝釉菊瓣盘345万元、乾隆柠檬黄釉菊瓣盘149.5万元。成交价格远高于拍前估价，菊瓣盘又创新高了！惹得瓷器收藏圈一片哗然。

　　马上就接到刘旸微信发来保利的菊瓣盘拍卖结果，他还感叹道："你在嘉德买的乾隆白釉菊瓣盘价格太合适了！"他还特地加了个大大的感叹号。

　　我马上告诉他："我刚刚在保利也拿下了那只乾隆柠檬黄釉菊瓣盘。保利的雍正菊瓣盘一下子涨得那么厉害，真不敢相信啊。"

　　"乾隆那只柠檬黄釉是全品吗？价格也很合适呀。雍正这几只除了白釉外，其他几只颜色少见，而且质量好。但价格真够高啊。"

　　"柠檬黄那只盘底菊瓣边棱外有些许使用磨痕，没伤。我主要是用来匹配在嘉德竞得的那只雍正柠檬黄，有机会几只一起展示出来，就好看了。"

　　"150万这价格也合适呀，恭喜你。这次北京之行这两件买得都真合适。"

　　"是的，托刘总的福！嘉德白釉菊瓣盘原定过了150万以上就放弃的，特别是听您说有几个人有意向，心想最多150万以后跟多一两口就算了，真没想到底价能拿到。开心！"

　　"其中一个客人就买了一件后面都放弃了，另一个客人买了八件，钱不够用。我们夜场刚开始时，藏家有点不敢举。"

"真是老天成全！"我举手合十，心怀感激。

"缘分！"

2019年春拍第二只菊瓣盘又拿下到手了！

得之我幸，失之我命。

每一只菊瓣盘的入藏都是缘分，每一只都有自己的故事，我并没有要收齐十二色菊瓣盘的打算，

冯玮瑜上手乾隆柠檬黄釉菊瓣盘

每一只入藏恰巧是机缘到了而已，未来还会继续入藏菊瓣盘吗？这得看还有没有缘分，我并不强求（后来于2019年10月7日在香港苏富比秋拍又拿下一只清雍正白釉菊瓣盘）。

2019年7月22日，刘旸和张迪亲自把这只乾隆白釉菊瓣盘送来广州交我，小心翼翼打开包装盒，只见菊瓣盘花静如初，依旧萧娘模样。才揖手相别月余，却平添了向人无限依依，清芬蕴藉，雪清玉瘦，我见犹怜。

张迪连连说："你买得太便宜了！"我知道，她是为我高兴，她是以保利那几只菊瓣盘成交价作为对比，恭贺我捡了个"大漏"。

我笑笑说："确实买得开心。保利有4只是雍正的，雍正与乾隆的价格不能互相对比。"我自己认为：所谓的"漏"有大有小，"小漏"就是价钱上的差异，"大漏"则是眼界上的差异，是有没有发现艺术品蕴含的价值，在别人没发现时你已经先领悟到了。张迪说得没错，这只乾隆白釉

中国嘉德瓷器及古董珍玩部高级经理张迪和冯玮瑜在预展现场

菊瓣盘确实入藏价格较适宜，它的价值远远不止这个价格。

刘旸说："这只虽然是乾隆的，但是在乾隆登基仅仅两年内烧制的，水准与雍正相差无异，按理说应该跟雍正一样价位的，而且它又有罕见的款识，其实应该比雍正价位再高一些。这只你确实是买的价格太舒服了。"

纵然流芳百世，纵然人来人往，此际我们相遇。时间的意义，在于被铭记，那些让我们感受到美好、感受到情感的器物，不论多么久远，总会穿越周期，抵人心底。这种真切的感受，会成为打开历史的时间窗口，让我们感受到岁月时光留下的美好。

一色一世界，一盘一天堂，我收藏的五只菊瓣盘，各有各的故事，各有各的精彩，"一花开五叶，结果自然成。"屈子陶令，风韵正相宜。

这只白菊盘冰清玉洁，虚灵空阔，情聚一色而意境悠远，不仅有雅致的诗情，也有深广的韵意，表现出悠远无尽的空灵与神韵。

境由心造，心与境原本就是一体的，澄澈的白菊盘散发的气韵，又何尝不是心灵的写照。

这样静静地相对无言，竟然有些痴了。

人情好，何须更忆，泽畔东篱。

玮／瑜／说

## 收藏与理财

# 新锐入场，收藏市场牛市可期

　　每年春季大拍，头部拍行的人气和成交情况都会被业界视为市场的"风向标"。如每年4月初的香港苏富比春拍常被看作亚洲艺术市场的"标杆"，多在5月举行春拍的中国嘉德则会被当做内地艺术品拍卖市场的"晴雨表"。除了拍品成交额与溢价幅度反映了市场的热度以外，近几年新一代年轻买家涌入拍场成为了收藏界的新趋势。

　　2024年香港佳士得的春拍，近四分之一的买家为首次参与佳士得拍卖，其中43%新买家为千禧新世代。在佳士得香港2023年秋季拍卖会上，中国内地的千禧一代"贡献"最大，其次是中国香港和新加坡。藏家群体年轻化的趋势将是日后市场存在的特点之一。随着"千禧一代"藏家群体的扩大，其消费方式与习惯也影响了拍卖行的上拍策略，无论是从交易方式还是品类设置上，拍卖行都有意向新兴的年轻藏家群体倾斜关注。年轻的收藏者似乎为艺术品市场设定了新的路线，他们既有"数字原住民"的敏感，也具备带动潮流的价值观。年轻人改变了收藏品市场的交易模式与收藏偏好的风格走向。

　　"千禧一代"的财富来源大致可以分为两类：一类是源于父辈财富的继承；一

类是靠自身努力快速完成财富积累，如从事投行、IT、设计等高薪职业的高净值人群。随着生活的稳定，文化艺术消费成为必不可少的精神需求。财富的代际交接也为年轻一代提供了巨大的艺术品投资需求。根据私人财富咨询机构 Wealth-X 发布的《2019 年家庭财富转移报告》显示，从 2019 年到 2030 年，将出现史上最大的财富转移，这一全球现象被经济学家和金融专家们称为"巨大财富转移"(Great Wealth Transfer)，估计有 15.4 万亿美元的资产将被世界上最富有的人世代相传，其中包括艺术品收藏。据统计，房地产等"非流动资产"和激情投资 (investments of passion)( 包括文物艺术品 ) 占总资产的 1.9 万亿美元以上。

千禧一代获得更好的教育，拥有更丰富的数字化信息获取手段，与父辈和传统的藏家比，他们是更精明的投资者，并更重视艺术品作为个人金融资产的作用。千禧一代藏家的加入会给拍卖市场带来更活跃的交易，对传统的拍卖行业而言也会是崭新的挑战和机会。"年轻一代正在步入艺术品市场。他们的目标是挑战、改变人们看待、购买、收集艺术品的方式。"美国《福布斯》杂志的评论正预示着，收藏市场中坚力量的火炬正在传递给年轻一代。

## / 玮瑜咏诗

雨后才云散，霁霞已满天，

殷红如血，六百年的情深浓如它，

灯草口沿，一抹白边映红霞，

教人怎不喜爱它！

相对暗相许，相看更相期，

今宵红香春暖成佳话。

宣红尽说无数事，

那十八岁登基的少年天子，

文武双全，才情风雅，

才有那宣窑的绝代风华。

咏明宣德红釉盘

第四篇

【晕如雨后霁霞红】

一只明宣德红釉盘
入藏记

藏品名称： 明宣德红釉盘

款识： "大明宣德年制"六字楷书刻款

尺寸： 口径16.8厘米

年代： 明宣德

来源： 1.佳士得伦敦 2000年6月6日 编号：310

2.中汉拍卖 2021年5月18日 编号：2

**冯玮瑜藏瓷精选：** 此盘敞口微扬，形制端庄规整，透露出一种不凡的气度。胎质细腻而坚实。其内外皆满施宝石红釉，釉色匀净深邃，鲜艳明亮，犹如璀璨宝石，熠熠生辉。

晕如雨后霁霞红，出火还加微炙工；

世上朱砂非所拟，西方宝石致难同。

插花应使花羞色，比画翻嗤更是空。

这是乾隆皇帝吟诵宣德红釉瓷器的一首诗。

"若要穷，烧郎红。"这是很多人都听过的话，说的是烧制郎红釉瓷器的困难。郎红釉瓷器是怎么来的呢？康熙时期督陶官郎廷极为了满足康熙要复烧宣德红釉瓷器的意愿，不惜人力物力，意图复烧出已失传了二百多年的高温红釉。无奈万般努力还是仿烧不出宣德红釉，不过，却烧出了一种全新的高温铜红釉——郎窑红。

追本溯源，高温红釉瓷器的源头还是在宣德红釉。乾隆皇帝专为宣德红釉瓷器吟咏过两首诗，本篇所录的是其中一首。

为什么宣德红釉享有如此盛名？

瓷器首次出现红色的釉色，出自宋代的钧窑，那是由于钧窑高温烧制时出现窑变而产生的红色，纯属意外，不是人工能控制烧造的。到了元代，景德镇窑场烧造的瓷器开始有人工控制的红釉出现，不过整件器物为全红釉的比较少见，大多是有意识的洒红釉斑或红釉描画的图案，比较粗糙，红釉发色也不漂亮。到了洪武时期，红釉烧造还没有稳定下来，所烧造的釉里红大多发灰发黑。直到永乐时期，真正意义的红釉瓷器烧造技术开始成熟，永乐以漂亮的鲜红釉瓷器著称于世。到了宣德时期，高温红釉瓷器的烧造更发展到新的高峰，其釉色之鲜亮凝重，成为高温红釉瓷器发展成熟的标志，其成就为后世难以企及。

我在拍场上首次见到闻名已久的宣德红釉瓷器是在 2013 年 4 月 8 日的香港苏富比春拍"玫茵堂专场"编号为 9 的一只宣德红釉盘，其釉色之漂亮，让人一见难忘，我上手观看多时，心中喜欢，但那只宣德红釉盘起拍价是700万港元，陪同我一起看预展的原北京荣宝拍卖公司专家任雅武老师说没1000万港元拿不下来。这场拍卖，我的注意力集中到一只康熙黄釉大碗上，当我竞得目标后，就放弃了那只宣德红釉盘。当然，红釉盘的价格贵也是原因之一，在2013年时1000万港元不是小钱，手里拿着1000万港元，可以有很多选择。况且我当时对宣德红釉的市场价没什么概念，只知道东西好，但对预计要过1000万港元的售价，觉得很贵，没做深入研究就放弃了。后来才明白，宣德红釉真的是值这个价格，因为宣德红釉是一代旷世名品（详见拙作"冯玮瑜亲历收藏"系列——《藏富密码》之《皇家气象》）。

宣德年间景德镇御窑厂烧造的御用瓷器，在中国陶瓷发展史上具有很重要的地位，它以其大气、古朴、典雅的造型，晶莹艳丽的釉色，多姿多彩的纹饰而闻名于世，成为我国瓷器名品之一，其成就被称颂为"开一代未有之奇"。

明代嘉万年间的文学家田艺蘅所著的《留青日札》中惊叹"宣德之贵，今与汝敌！" 也就是说，当时宣德瓷器的价格就已经可以和最为名贵的汝窑瓷器相匹敌了。

明代嘉万年间书画家张应文《清秘藏》："我朝宣庙窑器，质料细厚，隐隐橘皮纹起，冰裂鳝血纹者，几与官汝窑敌。即暗花者，红花者，青花者，皆发古未有，为一代绝品。"

明代永乐、宣德时期，红釉烧造技术达到成熟，烧出的铜红釉鲜艳夺目，有"宝石红"之称。明宣德时，铜红釉的烧制达到成熟阶段，烧成了较永乐鲜红釉更胜一筹，色调深沉、不流釉、不脱釉，被称为"宣红"。

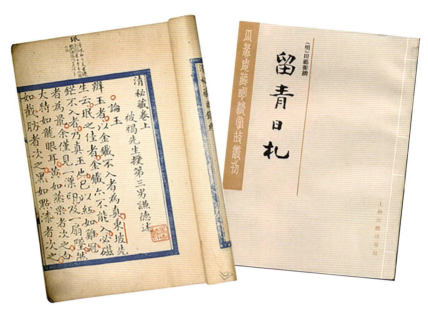

▌ 明代书画家张应文《清秘藏》和文学家田艺蘅所著的《留青日札》

宣德后，高温铜红釉瓷器终因成本高、难度大而一度衰落，及至失传，使得宣德以后的明代各朝再也烧不出高温铜红釉瓷器。直到清康熙时，才又仿宣德红釉烧制了著名的郎窑红、霁红等品种。

美好的东西总会给人留下深刻的印象，让人久久难忘，正如玫茵堂旧藏的宣德红釉盘一样。从此，宣德红釉在我心里扎下了根，不时地拨动我的心弦。

此后，我一直留意宣德红釉瓷器，但市场上却极为少见。

其间，国内市场上出现过一只宣德红釉盘残器，那是在前些年的中贸圣佳拍卖，该盘口沿有数处破碎，还"缺肉"了，虽然做了修复，重新喷釉，但灯光下仍能鉴别出来。我在上手看这只宣德红釉盘时，古陶瓷鉴定名家钱伟鹏老师也想看这只盘，我们遂一起上手看，钱老师还指着盘底和圈足连接处泛灰白的积釉说，这就是"虾背青"。因为修补太多，我没有举牌，后来这只残缺的宣德红釉盘以50多万成交，据说是被钱老师买去了。

> 玮 瑜 说 瓷
>
> 　　缺肉：又称缺碴，指瓷器因打碎、打烂、碰撞后有小块缺损或遗失，不能整体复原。

前几年在香港苏富比出现过一只宣德红釉小盘，起拍价为200万港元，但那只小盘发色不太好，有点发灰，盘中还有一条窑裂，我举棋不定，就去请教黄少棠先生，黄先生意见是：该盘虽是宣德红釉无疑，但发色不好，又有大瑕疵，200万的底价，算上佣金要250万以上，价格还是过高了，不如等以后再看有没有其他更好的选择。

> 玮 瑜 说 瓷
>
> 　　窑裂：是指瓷器在烧造过程中器物出现缝隙，是瓷器的缺陷之一。或是瓷器胎体淘练不够精细、或因胎体含水分过多、或在窑内受火不均而在烧窑过程中出现。

黄先生是古董大行家，他的意见值得尊重，我就放弃了那只宣德红釉小盘。

但我心中一直惦记着宣德红釉。

2021年春拍还没正式开始，中汉拍卖的老板卞亦文就给我发来微信，

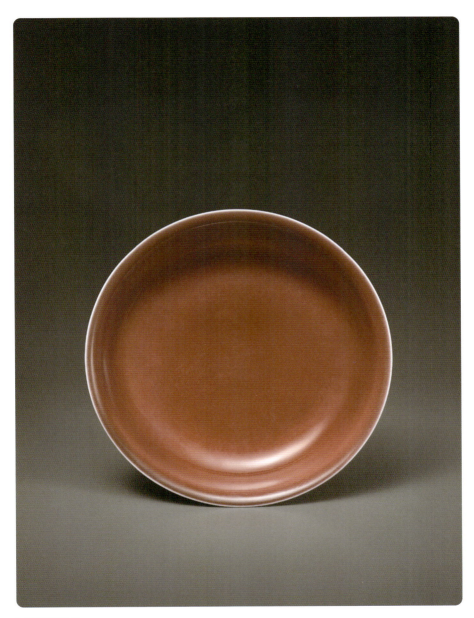

宣德红釉盘

▌宣德红釉盘

▌宣德红釉盘底款

其中有《中汉 2021 年春拍瓷器佛像工艺品图录》，并说："初定稿，可能还有些修改，您先过目、指教！"我浏览了一下，在"奉华 · 犹珍"专场的第 2 号拍品，竟然是一只宣德红釉盘。

图录是这样介绍这只宣德红釉盘的：拍品敞口微撇，形制规整端庄，胎质细腻坚致。内外满施宝石红釉，釉色匀净浓郁，鲜艳明亮，宛若宝石。盘口处呈白色，为烧制过程中流釉所致，形成后代多有仿效之"灯草边"。圈足内素胎之上隐见双圈内有"大明宣德年制"六字楷书刻款。拍品造型秀致，釉色纯正，气韵华贵，不失为明宣德时期颜色釉的隽品。台北故宫博物院藏明宣德宝石红釉撇口盘，其形制、釉色均与本拍品相同，可资参阅。

我立即请中汉拍卖把该盘多拍一些细图发给我，他们很快发来了十多张细图，我每一张都认认真真地细看，心中已有分寸，但还欠一个上手观看鉴定的过程。

冯玮瑜在预展现场贵宾室上手宣德红釉盘

在中汉拍卖的前一天，我看完嘉德的预展后，马上前往金宝街的中汉拍卖预展会场。他们从去年起把办公室搬到了金宝街，预展也在办公室的大楼内。

到达时，卞总亲自接待我。我先在预展会场走一圈，看了一遍场内的各件拍品，看看有没有看图录时没留意到的，然后卞总招呼我到贵宾室，挑自己感兴趣的拍品上手细看。我首先选择了这只宣德红釉盘。

当这只宣德红釉盘上手时，无法形容那一瞬间，如同冉冉升起了一轮初阳，在万千红霞的映衬下，占据了我面前整个空间和心神，让我呆住了——美艳不可方物。

只见内外壁釉色殷红，略深，与牛血红相若。该盘口沿自然形成了一圈白边，外壁与足墙之间的积釉呈现青灰色，盘底白釉，有六字楷书刻"大明宣德年制"款识。

宣德的红釉器在口沿部位都有自然形成的一线白边，俗称"灯草口"，只是宣德红釉瓷的白边没有永乐时期的白，略带青灰色，因此也有称之为"虾背青"的。瓷器的外壁和足沿连接处的积釉也会显现青灰的"虾背青"，这是宣德红釉的特征之一。

宣德红釉分里外全红和外红里白等品种，圈足内一般是白釉，有青花或暗刻楷书六字双行双圈款。

此盘釉色鲜亮凝重，宣德瓷器特征明显，是无可置疑的宣德御窑红釉瓷器。

唯一遗憾的是，该盘盘底的圈足被磨去一点点，估计是圈足在流传过程中有磕伤或烧制时出现窑裂，原来的洋人藏家为了整盘的美观，把盘子的圈足整圈地磨掉了磕损那部分，磨掉了约 0.1 至 0.2 厘米，使原来的高圈足缩短了，这样整只盘子的圈足就整整齐齐了——或许这是当年洋人按他们的审美观来修复所致。

还有一个原因是圈足本身没有磕伤。是洋人主动把它磨足的，因为欧洲的老贵族以及 20 世纪初起阔起来的美国人，喜欢在屋内陈设东方艺术

▌ 宣德红釉盘被"磨足"

品。在如此风潮之下，不少中国瓷器流入欧美家庭，洋人按自己的审美风格和实用要求对中国瓷器再次进行改造，有的碗壶在口沿和底部镶金加银，或加上金属把手，改成了西方的餐具；也有瓷瓶就在底部钻个小孔，穿过电线，然后加了底座和封闭瓶口，装灯管灯罩，被改造成灯座；也有的大盘被在背后钻小孔或磨足，用于挂在墙上当装饰墙壁的挂盘。至于被现在收藏家诟病的"破坏了瓷器的完整性"，当时洋人可不这样认为的。

经"磨足"后，这只盘子看上去倒是整齐的，一般人也不会留意到，但我们做收藏的，眼光当然会注意到这些地方。收藏者追求的是器物的完整性，即使圈足有磕伤，也希望保留原状，而不乐见被磨掉一截修整平齐这种简单粗暴的破坏性修复方法，对故意作伪更是深恶痛绝。

也许正是"磨足"这个原因,这只宣德红釉盘才被放到"犹珍"专场上拍,其实,即使是这个样子,以这只宣德红釉盘的稀缺性和重要性,这只盘子完全可以上大拍专场的。

玮瑜说瓷

　　磨足:也称为"修脚",是陶瓷的一种作伪方法,因器物的足底有伤残、或垂釉不平、歪斜等缺陷时,经人工修磨光滑或把圈足磨掉以掩饰其伤残。

此盘釉色殷红深沉,浓重深厚,若牛血初凝,红釉发色较好,是"宣红"的标准釉色。单色釉瓷器最重要的是欣赏要点是釉色,纲举目张,此

▎故宫博物院藏宣德红釉盘图

盘的釉色足以让人窥见宣德红釉的美妙。

我曾到台北故宫博物院参访过，记得那里也藏有宣德的红釉盘。我马上查资料，查到了台北故宫博物院确实藏有同样的宣德红釉盘，口径为15厘米。

北京故宫也藏有宣德红釉盘，我在香港故宫文化博物馆里看到，不过尺寸略小。

两相参照对比可知，中汉拍卖这只宣德红釉盘，无论从釉色和器形，都极其相似，可资比较。

中汉拍卖上拍的宣德红釉盘，虽然有"磨足"的瑕疵，但瑕不掩瑜，当属于馆藏级的拍品，我便下了电话委托。因为这一周是北京的拍卖周，嘉德、中贸圣佳、中汉等拍卖活动都是同期举办，眼花缭乱，目不暇给，让人分身不下，为免万一临时有事赶不及，下电话委托更为妥当。

卞总在我的委托单上一边签字，一边对中汉的同事说："这份委托单要好好保存起来，因为上面有冯总的签名，以后光是这张委托单就可以成为拍品，会值很多钱的。"

卞总是京城古董圈有名的才子，也是中汉拍卖的老板，平常自视甚高，今日竟也学会说俏皮话了，拍卖这一行真能锻炼人啊！

在拍卖前，卞总拿到我的委托单后，还不停地在朋友圈发这只红釉盘的拍卖广告，还打上文字说明："作为明代御窑名品，这块盘子该好的地方都好，该漂亮的地方都漂亮，甚至该完整的地方都完整，居然该有的记录都有了。犹珍如此，夫复何求，'犹珍'如此，堪称'尤珍'。"

卞总这是敲锣打鼓、唯恐天下不知的操作啊，用四个"该有都有"来广而告之，目的是要引来更多的人来竞价。这不就相当于设下擂台的"比

▌ 2000 年佳士得伦敦拍卖图录上的这只宣德红釉盘

武招亲"吗？我心中叫苦不迭，可却一点办法也没有，总不能拦着拍卖行不让做广告吧。

该来的躲不过，现在资讯发达，远在天涯的海外小小的拍卖会也信息满天飞，更何况热热闹闹的京城拍卖会呢？其实也不必怕什么，不是东风压倒西风，就是西风压倒东风，拍场上见呗！

卞总说的"该有的记录都有了"是指这只宣德红釉盘，曾经在 2000 年 6 月 6 日于佳士得伦敦上拍过，编号 310。这就是说，这只宣红盘是有来源的，不可能是收藏市场转好、仿烧风气炽热的近年仿烧，2000 年时国内的收藏市场还没兴起，更少有把仿品送国外上拍的操作，这些都是近年才进化的。佳士得伦敦这个记录也说明上一手藏家秘藏这只宣德红釉盘 20 多年后，才再次释出进入流通市场。

中汉拍卖是在 2021 年 5 月 18 日下午举行，我非常留意那天下午的电话，怕错过了。对这只宣德红釉盘，我是志在必得。结果天遂人愿，我一举把它收入囊中，了却我心底里八年的宣德红釉梦。

宣德皇帝是继洪武、永乐、洪熙之后的明代第四位皇帝。在前几位皇帝的治理下，明朝的社会经济状况有了恢复和发展，到了宣德统治时期已是国泰民安，宣德时期是明朝政权最稳定、最强盛的时期。

▌中汉拍卖竞价现场

　　宣德承继洪武、永乐创下的基业，在位十年中，他励精图治，停止用兵交趾（今越南），重视整顿吏治和财政，实行为政以宽的措施，休养生息，缓和社会矛盾，对宦官控制严格，改革科举制度，使明朝在宣德时期达到最强盛，史称"仁宣之治"。

　　宣德皇帝不但治国有方，而且他的艺术才情，在古代历代帝王中也可以排进前几位。他在书画方面极有造诣，翰墨图书，极为精致，尤工于画山水、人物、走兽、花鸟、草虫等，"点墨写生，遂与宣和（宋徽宗）争胜"。

　　宣德皇帝是端午节出生的，另一位大名鼎鼎的艺术皇帝宋徽宗，竟然也是端午节出生的。所以后来就有人说，宣德皇帝是宋徽宗转世而来的。当然，这仅是指宣德皇帝的艺术才情不输于宋徽宗，若论治国才能，宋徽宗拍马也追不上，宣德治下的大明王朝，是明朝最强盛的时期。

　　缔造明代最强盛年代的宣德皇帝，武功文治。宣德御窑，是中国明代

宣德皇帝坐像

宣德皇帝画《花下狸奴》 辽宁省博物馆藏

陶瓷史上最辉煌的一页，被誉为不可复制的黄金十年。宣德青花、宣德红釉、宣德蓝釉、宣德甜白釉等都是一代名品，是很多藏家孜孜以求的心中至爱。

宣德御瓷烧造始于洪熙元年（1425）九月，终于宣德十年（1435）元月，其间宣德五年（1430）九月停烧，至宣德八年再度恢复。它是由营缮所丞直接管理（营缮所为工部下属机构之一），所丞正九品，官阶虽低，然"以诸匠之精艺者为之"，同时又派出品秩较高的内官赴厂监造，昭示宣德皇帝对官窑烧造极其重视。

宣德皇帝对御瓷的管理异常严格，从对第一任督造少监张善私分御瓷一事的处理结果可见一斑。据《明宣宗实录》宣德二年（1427）十二月癸亥载："内官张善伏诛，善往饶州监造瓷器，贪黩酷虐，下人不堪。所造御用器多以分馈同列。事闻，上命斩于市，枭首以殉。"私自处理御窑瓷器是要杀头的，宣德立了先例。

同时，宣德皇帝对于御窑瓷器的把关极其严格，"以诸匠之精艺者为之"，次品废品皆被"分类摧毁，单独埋藏"。御窑厂过去数十年的考古发现揭示，窑址出土的宣德御瓷绝大多数都成窝状堆积，每一窝的品种大致相近，这些遗迹表明宣德御器厂的次品全部被打碎，即使打碎后也不得流出，就在御窑厂内挖坑掩埋，严防落选御瓷被窃，这是为防止流向社会而采取的一项较为周密的措施。

正因为有上述严格的管理制度，每一件宣德御瓷均经过苛刻的筛选之后方可上贡，品格自然不凡，以致获得世人无上推崇，生出"惟宣德款制最精"之感叹。这只中汉上拍的宣德红釉瓷盘定是当时遴选之物，否则必被打碎掩埋无疑。

宣窑，是为中国陶瓷史上辉煌的一页！前后十年，历时虽短暂却成就了中国艺术美学史上一段经典的传奇。

明人张应文《清秘藏》赞誉："我朝宣庙窑器，质料细厚，隐隐橘皮纹起，冰裂鳝血纹者，几与官、汝窑敌。即暗花者、红花者、青花者，皆发古未有，为一代绝品！"

嘉靖朝谢肇淛于《五杂俎》叹曰："宣窑不独款式端正，色泽细润，即其字画，亦皆精绝。惟宣德款制最精，距今百五十年，其价几与宋品矣！"

宣窑如此显赫，究其原因还是与宣德皇帝本身的文艺修养密切相关。宣德皇帝精通绘画，重视赵宋文艺，创设宣德画院，吸收许多著名画家入宫，汇精英于一堂，并与之交流学习，品画论道之声不绝于耳，文风极一时之盛。明人姜绍书《无声诗史》如此评曰："帝天藻飞翔，雅尚词翰，尤精于绘事，凡山水、人物、花竹翎毛，无不臻妙。"

因此，宣德皇帝为史上寥寥可数擅长文艺和治国有方的皇帝，执政十年，每于万机之暇，宣德皇帝寄情于各式文玩，以致彼时雕漆、范金、织绣、制墨等诸类宫廷工艺品成就斐然，皆称后世同类之典范。

在周围浓厚的人文氛围之中，以宣德皇帝的学养必然对其御瓷有所要求，必须符合其审美，故而造就宣德官窑品格超群，集古今之菁华，融中外之风格，前后器类之丰富，釉色之广泛，装饰之多变，皆发古未有，是为中国陶瓷史上最辉煌的十年，故称之为"黄金十年"。

中国人常以红色代表吉祥、富贵。红色吉庆、祥和、富贵、繁荣、威严，古时皇室宫殿、庙宇墙壁皆为红色；官吏、官邸、服饰多以大红为主，"朱门""朱衣"由此而来。

被誉为"千窑一宝"的红釉瓷器，其烧造技术自元代开始逐渐被窑工掌握，但还不成熟。"红巾军"出身的明朝开国皇帝朱元璋虽然喜好红色，无奈洪武时期烧造红釉工艺水平仍达不到他的要求，其红釉瓷器除个别发色漂亮外，大多发灰发黑。但他的喜好影响到后代的永宣，永宣时烧造的红釉与青花一样开始成熟起来。宣德红釉瓷器，史书文献记载，说它如初凝之牛血，也就是说宣德的红釉非常厚重、沉着。

2021年6月3日，"佳趣雅集"在北京举办双年度大展，各地的理事都齐聚北京，共襄盛举。当晚，理事们召开理事会商讨下一步的工作，大家认为佳趣雅集成立已经有7年，举办过3次双年度展览，大获成功，获得社会的广泛好评，佳趣雅集也成为收藏界较有名气的收藏团体之一。这些年来，虽然雅集做出了不少成绩，但雅集都是由几位理事操持的，为了雅集更好地发展，理事们认为应当选出一位会长来带领雅集，经卞亦文提议，全体理事一致推举我为首任会长。

各位理事都是收藏界的精英，闻名遐迩，我是一个女子，又是一个晚辈，何德何能呢？可能是我年轻一些，他们提携后学。我万般推辞不掉，只好勉为其难，接过重任。著名收藏家、荣誉会长王刚老师还亲自颁发聘书给我，以资鼓励。

6月4日，我到位于金宝街的中汉拍卖公司提货，卞总已在办公室等我。我向卞总当面道谢，卞总说你当会长是众望所归。我说："你们是把我放在火盆上烤啊！"

卞总说："其实事前在京的几位理事也沟通过几次，排了一下，再没有比你更合适的人选了，这不光是我个人的看法，也是大家的一致看法，你确实是不二人选。以后你要带着我们向前走啊。"

真逗！这个儒商老板也要嘴皮，瞎扯。

▍国内知名收藏团体"佳趣雅集"理事会表决一致通过推举冯玮瑜担任首届会长，著名收藏家、荣誉会长王刚老师亲自颁聘书

正说着，仓库把这只宣德红釉盘送到卞总办公室了。当我把这只宣红盘拿出来验货时，但见光风霁月、别来无恙，釉色依然是那么浑厚沉雄。卞总不住声地赞好，他对我说："这只盘子你买得好，真买得太好了。"

我心中喜欢，也由衷地感谢他。

卞总说："我说的好，不单单地夸你眼光好，买到好东西，还夸你时机把握得好，以超便宜的价格买到超高级的东西。这种眼光的敏锐和时机把控度，真让人击节赞赏！"

"谢谢卞总！其实我没想过捡漏，我是志在必得的。"

卞总感叹道："你这只宣德红釉盘拍卖编号是2号，拍卖时排在前面，而编号第3、第4的分别是一只明成化青花婴戏大碗和元青花大罐，那两件是很多人关注的重点，都想捡漏那两件，对前面这只宣德红釉盘就放过了，大伙憋着气要争成化青花和元青花，结果那两件争得厉害，价格也上去了，一点漏都没有。回过头来才发现这只宣德红釉盘才是真正的漏，这才跺脚后悔不已。如果宣德红釉盘编号是排到第4、5之后，他们争完前两件后，一定会全力来抢这只宣红盘，那这只宣红盘就不是现在这个价了。你果断出手就是时机把握得非常好！我原来把几件重点货放在一起，本以为会拍出一个高潮，没想到你第一个出手，反而捡漏了。"

卞总骨子里或许是文人，可他现在身份是商人，商人总会挑你喜欢的话来说给你听，不管是实话还是恭维，或者兼而有之，我一笑置之。假作真时真亦假，我自己买得开心舒畅，比什么都重要。

人与物的相遇相聚往往是机缘巧合，刘关张也是"宴桃园英雄三结义"后才一起开创蜀汉大业的，"风尘三侠"的虬髯客和红拂女也是在旅店意外相遇而结拜兄妹后，李靖得其资助才有后来的叱咤风云。我与这只宣德

卞亦文与冯玮瑜在中汉拍卖总部交收宣德红釉盘

红釉盘，"欣于所遇，暂得于己，快然自足。"

　　我向卞总打探："你知道这盘为什么要磨掉了一部分圈足呢？即使是有磕，都不需要磨掉啊。"

　　卞总苦笑了一下："这都是洋人干的蠢事坏事！说不定这宣红盘根本就没有磕足呢！类似这样的盘子，洋人喜欢挂在墙上，为了方便挂墙，就把足墙磨短一些，挂钉就可以短些，更安稳些，也方便挂起来。洋人不理会这是中国古董，也不懂得以中国人的眼光去欣赏中国的古陶瓷艺术，蛮横地以他们的审美去改造它们，你没看见洋人把中国的花瓶又是钻孔又是镶嵌什么的，还自个臭美，真是野蛮人干的坏事。这只宣红盘也许就是这样遭遇毒手的。"

卞总说的不无道理，现在有些名贵的古董器物，流落在外国时被改造得面目全非，镶嵌了一些金银的把手、底座、盖子等，西方的眼光看起来改造得很美，而对于喜欢古董的人来说，无疑是暴殄天物。中西文化和审美的差异大得有时让人慨叹。

回归中土，回到懂得它的人手里，这是最好的安排。我不知道收藏了它二十多年的那一位藏家是什么人，今天它来到了自得堂，我一定好好地善待它，珍而宝之，方才对得起它当初的绝代风华。

只恐夜深花睡去，故烧高烛照红妆。

玮 / 瑜 / 说

## 收藏与理财

# 十年磨一剑，耐心终会有机会

越是上佳珍稀之物，市面上越是罕见，觅得收藏之机越是讲求耐心，投资界常青树，被誉为股神的沃伦·巴菲特（Warren E. Buffet）说过，"只在正确的时候挥杆一击"，这是投资保持常胜的关键。

初遇宣德红釉盘是在 2013 年的苏富比"玫茵堂专场"，真正入藏则是在八年之后，凭借期间的耐心和隐忍，以及对宣德红釉瓷器的深入研究，才可以老神在在地把握机会，一剑封喉。以捡漏的价格入藏一件宣德名品，八年的等待并不晚。

2024 年巴菲特掌管的伯克希尔－哈撒韦公司账面上躺着近 2000 亿美元（折合约 1.4 万亿元人民币）的现金。"我们很想花钱，但我们不会花钱，除非我们认为他们正在做一些风险很小的事情，可以让我们赚很多钱。"巴菲特如此解释，"以一般的价格购买极好的企业，而不是以极好的价格收购一般的企业。"宁愿错过好股票也不愿意投资平庸的企业，这是巴菲特在过去 59 年的时间里为投资人取得了 4.38 万倍的收益的最重要的秘诀——耐心等待。

数字时代，耐心得到的回报更是惊人。2023 年数字虚拟货币是表现最好的资产，比特币价格翻了一倍以上，虚拟货币上市交易产品的总规模接近 100 亿美元。现在如火箭般跃升的价格在 15 年前看来不可思议。相比于互联网技术的出现，人们从基于互联网应用的商业模式中找到投资机会，区块链技术则直接以数字虚拟货币的形式，创造了新的财富密码。
2024 年 3 月，以比特
币为代表的虚拟货币进
入了高光时刻，比特币
冲高至 72890 美元 / 枚，
约 52.3 万元人民币 / 枚。
回到 2010 年，那位用
10000 个比特币购买了

2017 年 4 月比特币价格约为 1000 美元 / 枚（图表来源：新浪财经）

两张比萨的优惠券的程序员，断不会想到如今一枚比特币价值 6 万美金，当时一枚比特币价值仅为 0.005 美分。中国最早投资比特币的持有人，在 2011 年买入比特币的单价仅为 1 美元。从饱受质疑无人问津到一跃成为金融科技圈新贵，比特币用了十五年，其间价格经历跌宕起伏，但十年前入圈的投资持有者，大多在比特币上有近百倍的回报。

收藏品市场上能守住"耐心"纪律是成功的前提，拍卖会上瞬息万变，时刻都挑战着藏家的定力和决断力。

"只在正确的时候挥杆一击"这是巴菲特常提起的投资纪律。除非他们认为正在做的事情风险很小，而且能带来很大回报，否则不会花钱。从收藏和投资理财的角度，巴菲特做了一个生动的注解，"一种近乎懒惰的沉稳一直是我们投资风格的基石。"1969 年美国股市大热的时候，巴菲特的投资标准让他再也找不到适合的投资对象。于是他清算了自己的公司，把钱分给了合伙人，直到 1972 年股市达到低点时，他才重新出来寻找符合标准的投资对象。

财富总是从急躁的人手中转移到耐心的人手中。因为害怕错过机会而匆忙买入，结果反而造成买入时机不对，损失惨重。

耐心不仅是考验对时机把握火候的技术更是投资哲学与实力的艺术，当你知道何时该等待，就是找到了开启收藏投资财富自由之路大门的钥匙。

世事付苍茫，

把碗细思量。

硕大沉稳似长老坐堂，

黄釉如秋日暖阳，

矫健粗犷的游龙，帝王的想象，

壁上留痕，

是悲欢离合的印殇。

岁月的低吟，历史的轻唱。

古往今来，

阴晴圆缺总寻常。

咏明隆庆黄釉锥拱龙纹大碗

第五篇

【阴晴圆缺月尚明】

一只明隆庆黄釉锥拱龙纹大碗

入藏记

**藏品名称：** 明隆庆黄釉锥拱龙纹大碗

**款识：** "大明隆庆年造"青花六字楷书外围双圈款

**尺寸：** 口径 22 厘米

**年代：** 明隆庆

**来源：** 保利香港 "国风·大明——玫茵堂及重要私人珍藏明代瓷器"专场 编号：3412

**冯玮瑜藏瓷精选：**

　　此碗形制硕大，胎体略显敦厚，口径宽广，口沿微微外撇，深腹配以稳重之圈足，尽显古朴大气。碗之内外，通体施以黄釉。

　　碗心之处，精雕细琢一立龙之姿，龙身矫健，气势磅礴；外壁之上，二龙赶珠纹跃然其上，龙形粗犷而不失矫健，生动传神，仿佛正穿梭于云海之间。近碗足之处，一圈细腻的莲瓣纹环绕，为整器增添了几分宫廷气息。

　　我所收藏的明清御窑黄釉器系列里，明代中晚期的尚缺隆庆朝。隆庆御瓷市场上偶有所见，但隆庆御窑黄釉瓷器，我却从未见过——在2018年11月6日故宫的"明代御窑瓷器——景德镇御窑遗址出土与故宫博物院藏传世嘉靖、隆庆、万历瓷器对比展"之前。

　　我每年都多次去景德镇，景德镇市陶瓷考古研究所是爱去和常去的地方，因为景德镇市陶瓷考古研究所配合城市基础建设工程对明代御窑厂遗址进行过多次局部考古发掘，取得丰硕成果。出土的数以吨计的御窑瓷片标本和窑具,成为研究明代御窑生产制度和烧造瓷器品种的珍贵实物资料，那是全世界独一无二的。考古所从御窑厂遗址发掘出来的瓷器标本，其中

▎冯玮瑜参观故宫"嘉靖隆庆万历瓷器对比展"

有大量可以与传世品相互印证，是无可置疑的断代标准件之一，可以用于研究，也可用于对比其他瓷器的真赝。

我常到考古所上手标本，以提高自己的眼力。考古所的江建新所长见我来得勤，就对我说："你那么有兴趣，干脆到我这做义工吧，一边帮忙清理瓷片，一边上手学习。工资就没有了，苦力是免不了的。"

边干边学，这是多好的事啊！我一口应承下来。不过，我每次到景德镇，总匆匆忙忙地，虽然常到考古所，就是没能抽空来跟江所学习。每一次想起，心里便暗暗提醒自己尽快腾出时间去当义工，可后面总有忙不完的事。

江建新所长与冯玮瑜在清理发掘出土的明代御窑瓷片

　　在考古所里，我还没见过隆庆黄釉御瓷的出土件。在 2017 年 10 月 16 日由本人的"自得堂"和景德镇市陶瓷考古研究所、景德镇中国陶瓷博物馆联合举办的"黄承天德——明清御窑黄釉瓷器珍品展"，中国陶瓷博物馆和景德镇陶瓷考古研究所各自拿出了一批御窑黄釉瓷器以及出土的御窑黄釉瓷器修复件和标本，连同自得堂藏品共同展出，他们两家提供的展品里面也没有隆庆朝的。至于考古所库房里有没有，我没问过江所，想来应该会有的，只是没机缘碰到。

　　记得有一次前脚从景德镇考古研究所江建新所长的办公室出来，后脚赶到景德镇陶瓷大学曹建文教授那里去，曹老师一见我就打趣说："又去

曹建文教授和冯玮瑜在景德镇御窑厂遗址去"逛窑址"

'逛窑子'啦？"

我听了一愣，脸都红了："我一个女孩子家的，去'逛什么窑子'呀，那是某些男人才去的肮脏地方。"曹老师见我这等模样，笑得更加开心了："我说得没错吧！你就是去江所那里'逛窑址'，看到什么宝贝了？"我这才恍然大悟——原来不是"逛窑子"，而是"逛窑址"。

曹老师告诉我："他们考古界的，去窑址考察或发掘什么的，都自称是去'逛窑子'大家开个玩笑，开心一下"。

外人如果不了解情况，真会听得一惊一愣的，心想这个大教授，带着一群学生，大模大样地嚷嚷："去逛窑子。"岂不是有失斯文！误人子弟！哪知他是带学生去"逛窑址"而不是"逛窑子"。曹教授平常就爱穿花衣服，不知内情的旁人，听到他带学生去"逛窑子"，肯定就认为他老不正经。

玮瑜说瓷

　　窑址：窑场所在的位置，一般指古代烧造陶瓷器物的窑口遗址，可以指单独一个窑场的遗址，也可以指一个较大窑场群的遗址。

自此以后，我就知道了，凡考古人员说是去"逛窑子"，绝对不是去风月场所，而是到古代窑址工作，那往往是人烟稀少的荒山野岭。

2018 年 11 月 6 日，故宫博物院与景德镇市政府联合举办的"明代御窑瓷器——景德镇御窑遗址出土与故宫博物院藏传世嘉靖、隆庆、万历瓷器对比展"在故宫开展了，江所告诉我："这是最后一期明代对比展了，因为万历之后的天启、崇祯二朝，风雨如晦，国势飘摇，御窑厂已经停烧，即使有供宫里用的瓷器，都是'官搭民烧'的。御窑厂的考古发掘也没有天启、崇祯的，所以明代对比展到了这一期，就是最后一期了。"

故宫博物院器物部主任吕成龙老师也给我来电："快来看'嘉靖、隆庆、万历瓷器对比展'，这次展品相当精彩，我特别挑了一些极少见的黄釉器拿来展出。"

两位老师都这样说，我便急急忙忙赶到北京。从故宫东华门进去，吕老师已在宫里等着我，他刚好有个会议，顺路带我一起向景仁宫走去，展览场地就设在景仁宫。

吕老师带着我一路走一路聊，突然停了下来，眼睛盯着路旁的一块草

吕成龙老师和冯玮瑜在故宫文华殿门口合影

地不动了，我跟着望去，草地泥土刚翻动过，栽种了一片新草。看得出刚淋过水不久，绿油油的，除了这些，没其他特别的呀。只见吕老师拨开小草，轻轻地跨进去，弯腰从泥巴里捡起一小团泥巴，然后退出来，从口袋里掏出一张纸巾，把手上的泥巴擦来擦去。发现什么宝贝了？我凑过去一瞧，原来是一块指甲大小的瓷片，吕老师擦干净后，把小瓷片交给我欣赏。"你瞧瞧，是不是定窑的瓷片？"

我拿在手上一看，果然是一块定窑的小瓷片，上面还有模印纹哩。真捡到宝贝了。

吕老师高兴地说："这块小瓷片，是宫里不知多少代之前打碎打烂的，大块的当时就打扫清理了，像这块手指甲那样大小的，可能当时溅落埋到泥地里，当草地整修翻动后又翻出来了。这块小瓷片定窑特征很明显。"

敢情故宫里也可以"逛窑址"啊！

以后要多到宫里走动走动，这么大的窑址，说不定哪天我的高跟鞋也能踢出一个宝贝呢，最好是在砖缝里踢出个乾隆玩丢的、有御题诗的玉扳指，或者慈禧太后的小翡翠那样的小东西。

明知是白日梦，也想得美美的。不过，观看故宫这场展览，却真真实实地见到了一件宝贝，那是展览里的一件展品——"明隆庆锥拱龙纹黄釉碗"。

这是我第一次见有隆庆款识的御窑黄釉瓷器，展品是清宫旧藏，来源无可置疑。我收藏黄釉御瓷系列，对黄釉瓷器特别敏感。当这只隆庆御窑黄釉碗出现在眼前，我连脚步都迈不开了，一边认真盯着看，一边用脑子紧记，一边用手机拍照存档。看完一遍又回头再看，反反复复，如痴如醉。只可惜隔着展柜玻璃，不能上手。但见其釉色比弘治的鸡油黄颜色要深，

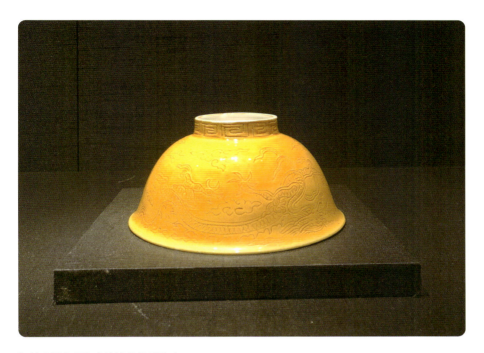

▍故宫旧藏明隆庆锥拱龙纹黄釉碗

显得老色，不及弘治黄釉那么清澈可人，碗也有点厚重，不及弘治的精细。可隆庆的御窑黄釉瓷器少见啊！我去过的国家博物馆、首都博物馆、上海博物馆、广东省博物馆……都没有见过有隆庆款识的御窑黄釉瓷器陈展，它们库房里有没有，我不知道，不过没见到有实物展出的。

隆庆御窑黄釉瓷器，当然没有汝窑瓷器那么名贵，也许因它是明中期的，大家没把它当重要的御瓷，像隆庆皇帝一样，一生没有轰轰烈烈的事业，但也没折腾什么，国家安定，君臣和谐，民众安居乐业，没什么热点，所以后人对隆庆御瓷研究得不多，隆庆御瓷在市场也较少见。隆庆款识的黄釉御瓷，无论是博物馆还是拍卖场，这是我第一次见到，感到特别的珍罕，毕竟物以稀为贵。

惊喜过后，内心生出一丝惆怅：我何时才有机会入藏到一件隆庆御窑黄釉瓷器呢？

我看完故宫展览后不久，朋友圈里有人大声疾呼：快去看呀，故宫展里出了一只隆庆款的黄釉碗，从没见过的，大家快去看呀。

不少人呼朋唤友组团去故宫看展览，也有朋友通知我快去看。

是啊，隆庆毕竟距今已经四百五十多年了，而且隆庆一朝本身只有短短的六年。故宫展出的这一件隆庆款识的黄釉御瓷，真的非常稀罕，我固然是第一次见到，相信瓷器收藏界的朋友，见过的也不多。

隆庆皇帝上承嘉靖，后传万历，虽然在位仅得六年，却扭转了嘉靖晚年朝政的颓势，开启了"隆庆新政"，国泰民安，为万历时张居正轰轰烈烈的改革奠定了良好的基础。

嘉靖跟隆庆父子俩之间欠缺亲情，嘉靖也没有亲自传授隆庆治理国家的经验要诀，造成这种后果要由"二龙不相见"的故事说起。嘉靖十三年（1534），皇长子出生。当了十多年皇帝才生下皇长子，嘉靖非常开心，经常抱着皇长子亲昵，可惜仅仅两个月后，皇长子竟然夭折了，令嘉靖悲痛万分。迷恋道教的嘉靖身边自然不乏"道长""真人"，他宠信的道士陶仲文帮嘉靖掐指一算，算出了"二龙不相见"的魔咒，所谓"二龙不相见"，就是因为嘉靖皇帝是真龙，太子为潜龙，将来成为皇帝也是真龙，两龙相克，会折煞死太子，因此皇帝不能与太子相见。笃信道教的嘉靖将信将疑，以防万一，基本上很少去见后宫里陆续诞生的儿子们了。虽然这样，他后面又生了七个儿子，有四个不足一岁就被他"克死"了，长大了三个。

次子朱载壑三岁的时候，被立为太子，可他从来没有见过自己的父皇，因为父皇不敢见他。直到太子十三岁时，太后强制嘉靖按礼仪参加太子的出阁讲学仪式，太子有生以来才见到嘉靖的第一面。万万没想到"二龙不相见"的魔咒继续生效，悲剧再次上演，父子相见后，太子突然生病、两个月后就离世了。悲催啊！本想竭尽心力教导太子匡扶社稷的老师们集体失了业！嘉靖皇帝也痛彻心扉：好不容易培养了十三年的大明王朝接班人，刚一见面又被自己"克死"了！

嘉靖悔不当初，为了不伤害到自己硕果仅存的两个儿子，嘉靖决定不管怎样都不跟他们见面了，也不再立太子以避免相克。

嘉靖四十四年（1565），没想到四子景王还是被他"克死"了。这时嘉靖的儿子们只剩下隆庆一根独苗尚在人间，再"克"下去就没儿子接位了，想必嘉靖、隆庆和大臣们都心慌慌了。还好，一年之后嘉靖两脚一翘驾崩了——终于轮到他被儿子"克"掉了。嘉靖虽然战斗力超强，接连"克死"了六个儿子，到底年老体衰，终被剩下唯一的儿子隆庆反"克死"了。

经过"反克"好不容易熬下来的隆庆，本来就不是太子，在十六岁就出宫到外面裕王府生活了十三年的时间，父子从不相见。虽然没有得到父皇的宠爱，却远离了朝廷纷争，使得他能清楚地看到嘉靖朝的各种社会矛盾和危机，对嘉靖朝的奸臣专权，吏治腐败，民间疾苦有着深刻的体验。这些认识对于隆庆即位后的国家治理产生了深刻的影响。

隆庆皇帝仁厚节俭，在位期间，国家安定，这与他的性情是分不开的，由于在当皇子期间处处小心谨慎，很少张狂，他从小就养成了贞静、仁义的性情。

他重用徐阶、高拱、李春芳、陈以勤、张居正等大臣，革除前朝弊政，致力于解决困扰明朝多年的"南倭北虏"问题，使得隆庆一朝及万历初年的明朝国运中兴，社会稳定，经济发展，海内大治，资本主义萌芽，史称此为"隆庆新政"。

隆庆刚即位就立即纠正了嘉靖朝的弊政，为嘉靖朝敢于直谏而获罪的大臣平反，例如一身正气的著名清官海瑞就从狱中放出、官复原职。同时，严厉惩治了备受嘉靖宠爱的方士，禁止斋醮、玄修等一切道教仪式，拆除跟道教仪式有关的一切题字或匾额，废止因道教而设的织造及采买。

隆庆元年（1567），朝廷宣布解除海禁，开放港口，允许私人进行海外贸易，远贩东、西二洋。还设置了专门的贸易管理机构，规范私人海外贸易，收缴税赋，这一系列的措施，史称"隆庆开关"。

早在明朝初年，朱元璋为防止倭寇和海盗的滋扰，实施海禁政策，禁止中国人赴海外经商，也限制外国人到中国进行贸易。即便在永乐年间，虽然有"郑和下西洋"的壮举，但开放的只是朝贡贸易，民间仍是"片板不能下海"。到了嘉靖年间，海禁再次被高度强化，这不仅破坏了正常的中外贸易，还阻断了中国同世界各地文化的交流，使中国几乎与世隔绝。

"隆庆开关"使长达二百年的禁海令破除，明朝与东南沿海各地的民间海外贸易进入了一个新时期，明朝出现一个比较全面的开放局面。这些做法不但遏制了民间走私的现象，还极大地增加了朝廷的税收。在实施"隆庆开关"后近八十年的时间里，明朝通过海外贸易得到的白银总数达到3亿3千万两，占当时全世界白银总量的三分之一以上，全球贸易的三分之二与中国商人有关。

为祸明朝二百多年的海盗倭寇，在嘉靖晚期经戚继光和俞大猷二军配合打击下几近覆灭，最终"隆庆开关"使困扰明朝多年的倭寇之乱不费兵

隆庆皇帝像

自消，倭寇急急转行做生意赚钱去了，毕竟光明正大地通过海运贸易赚钱比来中国抢劫而被明军剿杀好多了，整个东南沿海都恢复了和平。

隆庆四年（1570），蒙古鞑靼部落首领俺答因内部权力争斗，其孙投奔明朝避祸。俺答随即屯兵明朝边境，双方剑拔弩张，大有一触即发之势。

隆庆听从高拱、张居正的建议，派出使者和俺答谈判，最终双方议和，制止了一场战争，史称"隆庆和议"。俺答还主动提出纳贡并开通官方贸易，隆庆答应了俺答的要求，并封俺答为顺义王。"俺答封贡"彻底解决了大明和蒙古二百多年的对峙局面，此后六十多年再无大战事。国家赢得休兵息战、承平发展的重要时机。

隆庆皇帝执政的最大特点就是垂拱而治，不独断专行，让大臣有足够的空间施展抱负。他善良仁厚，特别信任和重用徐阶、高拱、张居正等人。凡属国家大事，均交朝堂诸大臣商议，即使大臣争得面红耳赤，隆庆皇帝仍不发一言，不表达个人意见，不做出任何重要的政治决断，最终仍由大臣们议决。

隆庆理政的六年是明王朝政治决策最好的六年。隆庆皇帝放手让臣子去发挥自己才能，隆庆中兴才得以实现。

从"隆庆开关""隆庆议和"到"俺答封贡"等"隆庆新政"取得的成就，隆庆开创了国家稳定、经济欣欣向荣的局面，但流传至今的隆庆御瓷却极为罕见，除了当政日短外，还可能跟他"躬行俭约"有关。

2019年10月3日，保利香港的"国风·大明——玫茵堂及重要私人珍藏明代瓷器"专场出现了一件编号为3412的"明隆庆 黄釉暗刻龙纹碗"。

拍卖场上居然出现了隆庆款识的黄釉瓷器？我半信半疑。

如果是真的，那么它对于隆庆御窑黄釉瓷器是重要的样本，因为故宫展览那只，别说上手研究了，展览一结束，宫深似海，"别时容易见时难"。保利这只可谓沦落民间难得一见的器物了。而且，保利拍卖这只隆庆黄釉大碗，对我的黄釉收藏系列来说，更是补了缺失的一环，于我个人收藏体系意义重大。

| 保利（香港）拍卖主管杜纪波和冯玮瑜合影

　　我到预展现场，保利香港拍卖主管杜纪波即安排我坐下来看拍品，我看了一批拍品，看得最认真的就是这只隆庆黄釉大碗。此碗硕大，胎体略厚，口径达22厘米，口沿微撇，深腹圈足。内外通体施黄釉，釉面深浅不均。碗心刻一条立龙，外壁刻二龙赶珠纹，粗犷矫健。外壁近碗足处刻一圈莲瓣纹。底部白釉微微泛青，署青花"大明隆庆年造"六字双行楷书款。

　　最令人可惜的是此碗外壁有几口锔钉旧痕，锔钉已被起掉，釉面已做简单修复，因为锔钉痕较窄小，应该是清代所做的铜质锔钉修复工艺，如果是明代的锔钉，是用铁质锔子，粗大宽厚。

　　仔细观察此碗，并没有掉磕或重新拼接，而是使用过程中因磕碰而腹部出现冲线，本来不需要铜钉修复，搽抹一些胶质封堵冲线即可。可能因为此碗硕大，古人为求稳妥，不管三七二十一就用了铜钉，古人是求实用，而不像我们这样去审美。

《清明上河图》里的锔瓷工匠

锔瓷这种使破碎瓷器恢复使用功能的修复工艺，早在宋代已有，著名的宋人张择端所绘画的《清明上河图》里，就画有这种锔瓷工匠正在瓷片上钻孔的情形。

> **玮瑜说瓷**
>
> 锔瓷：这是一门独特的瓷器修复工艺。工匠把碎裂的瓷器用工具在裂缝两侧的表面钻浅孔，但不钻透，然后以金属焗钉连接牢固，把碎裂的瓷器拼接、修补起来，使得瓷器保持原有的形状和实用功能，能继续使用。明代多用铁焗钉，体型粗大宽厚易生锈。清代改用铜焗钉，体形较小巧。这种锔瓷修复工艺在日本又称为"马蝗绊"，因为瓷器修复后表面上的锔钉形状像蚂蟥一样。

这只大碗在起除铜钉时所做的修补痕迹明显，它的修复技术也太差劲了，按现在的精修（指可作商业买卖水准的修理）水平，会修复得凭眼睛基本看不出来，更高级的修理即使用紫外线灯也看不出，要专门仪器才可看到，哪有这样明晃晃就看出曾有过的铜钉痕迹。

出现这种情况原因主要有两个：一是原藏家舍不得花大价钱去精修，

草草了事；二是修复难度太大。就此大碗而言，本来可以修复得更精美，或者根本不用起除铜钉，留着历史的痕迹，就像那只日本著名的国宝"龙泉青瓷茶碗'马蝗绊'"那样也可以的。不料却修复成这样，真让人遗憾！西施化了个八戒妆，还不如当初不修理！这样草率修理反倒给后人添堵：不再去修理品相不太好看，一修再修又怕修残了。

我反复细看，觉得这只大碗从胎土、釉面、写款、刻龙风格确是隆庆御瓷无疑，因为我藏有一只来源于"明成馆"的隆庆白釉盘，它们的时代风貌是一致的。台北故宫博物院也藏有一只口径23厘米的甜白釉暗花龙纹碗，与这只碗大小相若，刻龙纹相似，可资比较（详见刘良佑著《中国历代陶瓷鉴赏④明官窑》第236页）。该碗的"大明隆庆年造"款识与首都博物馆所藏的明隆庆青花云龙盘、台北故宫博物院所藏的明隆庆青花云龙提梁壶的款识基本一致，如出自同一人之手。

在我上手这只隆庆大碗的时候，北京保利中国古董珍玩部总经理李移舟先生过来跟我打招呼，看见我在端详这只隆庆大碗就笑着说："这只隆庆大碗我也认真看过，到代无疑，就是瑕疵太大，没有专门推荐给你。不过，黄釉的隆庆瓷器，确实很少见得到。"

我们一起由胎质、釉色、款识、纹饰风格探讨研究这只隆庆大碗，互相激赏，都认为确是隆庆御瓷旧物，对它的瑕疵，又深为惋惜。

唉，一件曾经尊贵无比的皇家旧物，四百五十年来沦落得自带创伤，它曾遭遇过多大的劫难啊！我深深地叹了一口气，爱有多深，心有多痛。

回到酒店住处后，我想了想，向时任北京保利高级经理翟昊天私聊打听这件隆庆大碗的来历，小翟告诉我：这只隆庆大碗是北京老户出来的，后来辗转到一个藏家手里，这次征集到的。小翟还说："就是没有顶级来

明隆庆黄釉锥拱龙纹大碗

源，东西是没有问题的。"接着小翟又叹了一口气说："其实品相不太完美，但却是一个罕见的品种，市场没有可比性，就看你自己了。"

是啊，这件拍品优点和缺点都那么明显。

也没过多思考，当上手确认是真品后，我下了决心一定要拿下这只隆庆锥拱龙纹黄釉大碗，事关我的黄釉收藏系列完整性。

同时，我开始分析有没有人参与竞价来设定竞拍策略。别看品相不太好，粤语说"瘦田没人耕，耕开有人争"，这几年，我看中的东西，老在意想不到的半路杀出个程咬金。我事后分析，有几种原因：

第一，我看中的器物，确实是好，而且大家都觉得好，故大家不约而同地参与竞价；

第二，大家都知道我收藏黄釉，目标太大。委托方就在拍卖现场，看到我举牌竞价，他就故意顶我，期待更高价成交，赚取更大的利润；

第三，有些人看见我举牌，想来器物必是不错的，就临时跟风加入战团，举高几口看有没有机会，说不定我会放弃呢。

第四，拍卖行见到我举牌，认为我志在必得的，就故意顶高几口价，赚多一些佣金。

孙子兵法有云：知己知彼，百战不殆。要破解上面的招数，我自然有良策。

大家都看好的，只能一个字"拼"，拼谁更多资金，拼谁更喜欢，谁胜谁负天知晓；其他的可以一招破敌——"隐"，只要隐藏自己，不让别人知道是我参与举牌就行了。

"隐"也可以有几种方法：电话委托、网络竞投、他人代举。用电话委托方式，拍卖行是知道的，难保消息泄露，你只能多委托几件，真真假假的，让拍卖行弄不清你到底意向是哪一件。网络竞投没有那么快意江湖，也担心万一网络故障，那一刻叫天不应叫地不灵。委托他人就要选对人，别到时候忘了或帮你乱举。拍场上常见有人拿着手机放在耳边听着指示举牌出价的，那就是受委托代表他人出价的。

对于这只隆庆大碗，我认为会出现二种可能，一是有其他藏家也认识到它的价值，那就会有一番争抢；二是那些以买卖经营的行家，是不会考虑这件的，因为品相有瑕疵，回去不好再卖，那就会底价成交。

我思考良久，觉得不可掉以轻心，决定自己坐镇拍卖现场，但自己不举牌，委托他人代举。受托人早就想好了，他是一个很实在的人，也常在拍场，熟悉拍场的规矩和手法，我跟他悄悄一说，他满口应承下来。

10月7日下午，保利香港拍卖开始，我跟受托人交代：待会看见我合上拍卖图录，就是不要了，如果没合上，就一直举牌，别放弃。这样就神不知鬼不觉了。我们选择一个彼此能看见对方的位置坐下。

当我把竞价牌交给他，我还有点不放心，就在牌子上写上100万港元，意思就是举到100万港元之前不用看我，尽管放心去举。他看了100万港元的字样，一副大吃一惊的样子，他没想到我会为这只隆庆黄釉刻龙大碗出这么高的价。我微笑着点点头，意思是大胆举牌吧，别怕。他也点头会心一笑。

著名营销策划专家叶茂中撰写了一句广告语："男人就应对自己狠一点。"——在这个弱肉强食的年代，男人都嚷着要"狠一点"了，女子更被逼得没路可走，只能更狠去收藏。谁说女子不如男！拍场如战场，"上疆场彼此弯弓月"，拍场上从没什么温良谦恭让，要么忍，要么狠，要么滚……如果没有这种决绝，只会被无情淘汰。

我的竞拍号牌及上面写有 100 万的数字

结果，这只隆庆暗花刻龙纹黄釉大碗以底价落槌，没人竞争，花落吾家。真是喜出望外！做了最坏的准备，得到最好的结果！

节省了不少，我笑逐颜开。买到心头好，又完善了收藏体系，一举如愿，不开口笑是痴人。

节省出来的银两，可以胡花乱买了吧？不会的，我是个理智的人，刚拿下这件，心思马上又转到下一件，结果又在当天的保利香港"中国古董珍玩瓷器专场"拿下了一件编号为 3179 的"玫茵堂"旧藏明宣德款黄釉盘，想当年我在香港苏富比为一只明宣德黄釉盘由 16 万港元起拍，足足争到300 多万港元，后来败给了上海藏家苏平大哥而郁闷多时。其实"玫茵堂"旧藏这只宣德款黄釉盘也是我早就决定要入藏的，"两枝桂花一时芳"是计划内的安排。

这只隆庆刻龙纹黄釉大碗确实不甚完美，但这个品种能找到已是难得，像广东省博物馆陈展的那半只汝窑盘，虽然只剩下半只，也宝贝似的作为重要展品，谁也不怀疑它的重要性。这只隆庆大碗，起码是完整的，至于有磕碰造成碗壁有修复，在我看来，缺陷也是大碗历史的一部分，虽有遗憾，却瑕不掩瑜。

名传千古的《兰亭集序》上也有王羲之的笔误、涂抹的瑕疵，却掩盖不了"天下第一行书"的辉煌。

日本东京国立博物馆收藏的龙泉青瓷茶碗"马蝗绊"，虽然是残器，却日本被定为"日本重要文化财"的八件中国瓷器之一，可见虽残犹珍。

苏东坡说："人有悲欢离合，月有阴晴圆缺，此事古难全。"缺陷虽然是一种遗憾，却是一种历史的真实。

越想追求完满，结果总是不尽如人意，不圆满才是人生。人生不可能如同希望中的那样圆满和完美，而是充满了各种遗憾。我们追求完美，也能接受不完美，在不完美中发现美，接受历史沧桑遗痕。遗憾也是一种生活常态，一切都是最好的安排。

❚ 日本东京国立博物馆收藏的国宝"龙泉青瓷茶碗'马蝗绊'"

这只隆庆大碗，刻龙纹已经没有明初永乐宣德那么凶猛，但尚有阳刚之形，没有衰败的气息。釉色如同故宫"明代御窑瓷器——景德镇御窑遗址出土与故宫博物院藏传世嘉靖、隆庆、万历瓷器对比展"里的那只一样，显得深老。

它的款识，是用青花楷书写双行六个字"大明隆庆年造"，外围双圈。款字以中锋运笔，挺拔遒劲，色泽浓艳，沉入胎骨。

冯玮瑜参观日本东京国立博物馆

这个款识很有特色，明清二朝共五百多年，自明代永乐朝开启书写本朝年号作款识以来，直到清代宣统末年，御瓷的款识都是"某某年制""大明某某年制""大清某某年制"，最后一个款字都是"制"字，其间只有隆庆朝与众不同，最后一个款字是用"造"字，至今故宫所藏隆庆朝御窑瓷器，款识全都是"大明隆庆年造"，这个款识"造"字，是隆庆御瓷特有的现象。

隆庆皇帝在位时间太短，御窑厂的工艺技术和装饰风格来不及形成本朝特色，隆庆御瓷的制作，可以说是嘉靖朝的延续，没有什么创新之作，但普遍比嘉靖后期御瓷要更加精美。这只大碗的制作在合乎宫廷规矩之中又显得不凡。瓷器反映的是时代气象，这只大碗与隆庆时代是息息相印的。

隆庆短短六年，只是历史长河中的一瞬，容易被人遗忘，但它却是承

▌ 明隆庆黄釉锥拱龙纹大碗底部

前启后。没有"隆庆新政"，就没有后来的张居正改革为大明王朝续命。同样，这只隆庆刻龙纹黄釉大碗，承上启下，延续了皇家御瓷的制作规范。

　　完善收藏系统，是每一个藏家向往的收藏状态，这是一种比价值投资更高一层的精神追求。以低价入藏这一只隆庆刻龙纹黄釉大碗，填补了我黄釉收藏体系的空白点。

这不是"捡漏"，这是真爱！是对中国传统、中华文化的爱！

收藏圈每年都会上演几个"捡漏"发财和"打眼"破财的离奇故事，这些跌宕起伏的故事被媒体炒作得让人们眼睛都发红了，而我却是个没有故事、没有传奇的平凡人。

玮瑜说瓷

　　打眼：古董行业的一个术语，意指鉴定时看错了器物的真伪或品相，把赝品看成真品，或看错了瓷器烧制的年代，或没看出瓷器隐藏的毛病。

有人说："一等藏家买情怀，二等藏家买文化，三等藏家买差价，四等藏家买眼瞎。"我是槛外人，不入这些行列，只是凭个人喜欢而去收藏而已。

研究黄釉御瓷的我因它的稀缺性而看重它，对追求品相完美的藏家，就不一定喜欢它，因为它有明显的缺陷，萝卜白菜，各有所爱。

有一种遇见，一眼千年。这一刻，等得太久太久，好在念念不忘，必有回响，等待的尽头，是天遂人愿，守得云开见月明。

每一件器物都有自己的故事，无论新知旧雨，在收藏者心中都有一个缘字。

有缘入藏这只隆庆御窑黄釉锥拱暗花刻龙纹大碗，了却一桩心事。

金风玉露一相逢，便胜却人间无数。

玮 / 瑜 / 说

收藏 **与** 理财

# 财富护城河：系统构筑收藏能力圈

常被问收藏理财的秘诀是什么，答案只两点，一为热爱；二是理性。看似两者矛盾，实则互为表里，循热爱入门，逐步构建自己的收藏体系，是将头脑发热的冲动之爱，进阶到精进钻研之后的理性之爱。

收藏是一场资金与热爱的拉锯战，资金是有成本的，要考虑回报。所以，收藏投资需要依靠构建系统保住本金、防止犯错、追求增值。就如查理·芒格说自己投资成功的秘诀是"理性"一样，收藏或许只出于热爱，而收藏理财是与金钱、回报乃至家族财富传承休戚相关的投资决策体系。

2023 年，诺贝尔基金会宣布每项诺贝尔奖的奖金增加 100 万瑞典克朗（约 65 万元人民币）达到 1100 万瑞典克朗（约合 732 万元人民币）。在 1895 年立下的遗嘱中，诺贝尔委托给基金会的遗产只有 3150 万瑞典克朗，从 1901 年至今，经历两次世界大战、多次经济危机，基金的规模不断增长。截至 2022 年底，基金会的总投资资本市值为 57.99 亿瑞典克朗（约 38.74 亿元人民币）。秘诀是诺贝尔基金会抓住了财富管理的精髓，用正确的投资策略保持了资产能持续增值，比如 1982—1999 年的股票牛市、斯德哥尔摩的房地产行情，并及时在资产泡沫破裂前出清。另外，基金会采用了多元化的投资策略，投资品种包括股票、债券和另类投资等，其中股票投资占有较大的比例，成了基金主要的收益来源。

　　"资本市场为投资者提供了赚取投资收益的三类工具，即资产配置、择时交易和证券选择。"主导"耶鲁模式"的大卫·史文森被誉为机构投资的教父级人物。在他出任耶鲁大学首席投资官的 20 年间，耶鲁大学捐赠基金创下了近 17% 的年均回报率，在同行中无人能及。"资产配置决策对投资业绩的好坏起着主导作用……在投资收益率的变动中，大约 90% 是源于资产配置，只有约 10% 是由择时交易和证券选择决定的。"

　　收藏理财想要着力于长远及可持续，也应从品类收藏系统、交易择时系统以及单品甄选系统入手。与史文森强调资产配置的重要性类似，确定某个品类的藏品系统是收藏投资最重要的决策，应立足长远，确定品类范畴与价格区间，这不仅有利于资金的安排，有的放矢，更能让自己在单一类别藏品上快速精进，与学术研究专家的圈子为友。

　　站在投资理财的角度，考虑藏品日后的流通变现，类别、品相以及时代审美观的改变也要考虑在内，这要花费时间和精力。一开始可以在拍卖会上入手一两款精品，作为入门，再进行深入的研究。在建立收藏主线的基础上，可以增加一些辅线，作为补充。

　　交易择时系统和单品甄选系统则是相得益彰的作用。经年在藏品市场摸爬滚打，也有自己的约法三章，比如只在各大拍卖行入手藏品、注重流传有绪的藏品，最好是收藏家专场。这些规则无非是遵循投资的第一定律，本金安全，本金安全，本金安全。与其什么都投资收藏、做多做杂，不如做专，聚焦于自己选定的某一个类别，研究透彻，这样才能成为某一类别的真正专家。

　　完整的收藏体系，是将收藏理财的科学性与艺术性相融合的顶层设计思路，这不仅是每一个藏家向往的收藏状态，更是隐含着"基业长青，世代相传"人生哲学的更高价值追求与精神传承。

两枝修竹相依偎，

一泓紫碧载花香，

清雅淡泊不张扬，

让人心醉又神往。

任他紫气东来，

哪管西风正狂，

你依旧谦谦君子玉人模样。

你以竹节之姿，凌风劲节傲世间，

温暖着我的心房与梦想。

咏清康熙茄皮紫釉竹节形花插诗

第六篇

【娟娟翠竹倍生姿】

一只佛罗伦斯及

赫伯特·欧云伉俪捐赠、

纽约大都会艺术博物馆旧藏

清康熙茄皮紫釉竹节形花插

入藏记

**藏品名称：** 茄皮紫釉竹节形花插

**尺寸：** 高度14厘米

**年代：** 清康熙

**来源：** 1.佛罗伦斯（Florence）及赫伯
特·欧云（Herbert Irving）伉俪
旧藏

2.美国纽约大都会艺术博物馆旧藏

3.2019年9月10日 纽约苏富比
"云逸雅集：大都会艺术博物馆
之中国艺术——佛罗伦斯及赫伯
特·欧云伉俪惠赠"专场 第45号

**展览：** 2022年10月 香港会议展览中心 "御案存珍——竹月堂、明成馆、自得堂藏 清
初三代御窑单色釉文房瓷器展览"

**著录：** 《御案存珍——竹月堂、明成馆、自得堂藏 清初三代御窑单色釉文房瓷器展
览》第142—143页，编号：44

**冯玮瑜藏瓷精选：**

　　竹节形花插，设计之巧妙，匠心独运。不同于常规花插之单一插口，其以两根高低错
落有致的竹节为主体，虚空为插，既实用又富创意。竹节间，巧妙运用塑贴花工艺，塑造
出一丛竹叶，虽稀疏却意趣盎然，将两根竹节巧妙联结，浑然一体。花插挺拔修长，凌风
劲节之姿跃然眼前，尽显高雅之韵。

　　时近中秋，纽约中国艺术周率先吹响了 2019 年秋拍的号角，2019 年度的秋拍活动就此拉开帷幕。苏富比再次重磅推出了"云逸雅集：大都会艺术博物馆之中国艺术——佛罗伦斯及赫伯特·欧云伉俪惠赠"专场，佳士得也不甘人后，推出了"芝加哥艺术博物馆珍藏中国瓷器及工艺精品"专场，一时间馆藏精品迭出，让每一个喜欢中国古董的人隔洋垂涎。

　　纽约大都会艺术博物馆在美国的地位，相当于中国的故宫博物院，它是美国最大的博物馆，也是世界五大博物馆之一。它曾于 2015 年首次把馆藏中国古代瓷器委托佳士得以专场形式拍卖，一时震动收藏界，那毕竟是纽约大都会艺术博物馆自建馆以来首次出售馆藏中国古代瓷器，那次我鏖战一宵，侥幸竞得两件，至今记忆犹新（详见拙作《你所不知道的中国收藏》）。这次再度推出馆藏旧物，虽然没有上次那么震撼，但仍然吸引了众多藏家的目光。

　　与上次不同，这次大都会艺术博物馆推出的是一个著名藏家捐赠品专场，名字叫"云逸雅集：大都会艺术博物馆之中国艺术——佛罗伦斯及赫伯特·欧云伉俪惠赠"专场。

　　去过美国纽约大都会艺术博物馆的人都知道，博物馆里设有"佛罗伦斯及赫伯特·欧云伉俪亚洲艺术展

▎佛罗伦斯及赫伯特·欧云伉俪

▌纽约大都会艺术博物馆内佛罗伦斯及赫伯特·欧云伉俪亚洲艺术展厅一角

厅"，那是在 2004 年，纽约大都会艺术博物馆为表彰二人自 1980 年开始，在其后 30 年里，持续慷慨解囊，将个人珍藏捐赠给该馆，并在大都会艺术博物馆亚洲部百年庆典之际，一次性捐出 1300 件藏品，价值逾 1 亿美元的善举，而建立以他们夫妇二人命名的展厅。他们的名字将会成为博物馆永久的纪念。

　　国外的博物馆与国内的博物馆有非常大的不同，捐赠文物进入国内的博物馆后，大多是"侯门一入深如海，从此萧郎是路人"。捐赠文物除了有机会展览的那一刻可以让外人见面外，从此重门深锁，再见难期，更加不会有馆藏文物向市场流通了。而国外的博物馆，一旦重新调整收藏方向，馆藏品可以对外公开拍卖。馆藏旧物的再次流入社会，让梦寐以求的各界藏家获得入藏博物馆旧藏的机会，这是造福社会的美事。这次，大都会艺术博物馆释出佛罗伦斯及赫伯特·欧云伉俪旧藏，就光明正大地说：拍卖收益将作为纽约大都会艺术博物馆未来购藏艺术品的基金。

佛罗伦斯（Florence）及赫伯特·欧云（Herbert Irving）伉俪是美国著名的企业家、慈善家、收藏家，赫伯特·欧云是美国冷冻食品业巨头，旗下西斯科公司（Sysco）是全球最大的食品分销商。

欧云伉俪由庞耐和安思远引路进入艺术品收藏，与二人亦师亦友，藏品也多与此二人有重要渊源。他们的藏品之精、品相之美，是公认的亚洲艺术品方面最重要的私人珍藏之一。欧云伉俪还是大都会艺术博物馆有史以来最重要的捐赠人之一，如今在大都会艺术博物馆能看到的最重要的中国漆器，基本都是欧云伉俪旧藏。

▍欧云伉俪位于纽约第五大道的寓所一角

欧云伉俪把他们位于纽约第五大道的公寓打造成一间令人叹为观止的艺术之家，满载来自东亚及南亚各大文化的古今艺术精品，当中又以漆器、玉器、青铜器及水墨作品为主。欧云先生曾表示："我们家不像住宅，更像是一座仓库。难得拥有，百看不厌。"他们夫妇的寓所跟同在第五大道的"中国古董教父"安思远的豪宅装修风格非常相似，可以看出他们深受安思远的影响。

欧云（1917—2016）和佛罗伦斯（1920—2018）出生于布鲁克林，早年生活清贫。欧云13岁时，母亲去世，从此他寄养在姑姑家。16岁时欧云进入了宾夕法尼亚大学沃顿商学院学习。为了支付高昂学费，他不得不一整年做兼职，暑假则到度假村当服务生。

佛罗伦斯曾回忆早年的凄苦生活："我坐着卡车去学校，而第二天我没钱坐电车回家。"

一个同事将欧云介绍给正在纽约大学读书的妹妹佛罗伦斯，两人于1941年成婚，从此风雨相伴，一起度过了75年漫长时光。

对于生活清贫的两人来说，谈恋爱时在布鲁克林艺术馆畅游在艺术时空中，是他们最快乐的时光。

在沃顿拿到研究生学位之后，欧云原本计划当一名教师，只是，他的职业规划很快因第二次世界大战爆发而搁浅。新婚燕尔的欧云入伍参军，并于1943年参与欧洲战事。

战争结束后，欧云回到美国。在那时，欧云挣的钱勉强只够支付房租，佛罗伦斯的母亲经常接济这对年轻夫妇。佛罗伦斯拿到教育学研究生文凭后，在当地的高中授课。

二战之后欣欣向荣的经济形势，让欧云看到了养家糊口的机会。"我们决定进入工业发展，如果之后我们足够富有，我想再回到学校教书。但是这个计划从来没有实现。"欧云创立了冷冻食品配送公司（Global Frozen Food），并获得巨大成功，很快成为当地最大的冷冻食品配送商。20 世纪 60 年代末，欧云与他人合伙共同组建了西斯科公司，他在西斯科副主席的位置上工作至 70 多岁。20 世纪的最后几十年里，西斯科发展成为世界最大的食物产品配送商。

在 1967 年秋天，欧云夫妇一同前往日本，此次旅程改变了他们的人生，他们在当地认识了亚洲著名艺术商人爱丽丝·庞耐（Alice Boney）。佛罗伦斯回忆道："她就像母亲一样，带领我们认识东方艺术。" 欧云伉俪向庞耐女士买下他们的第一件重要亚洲艺术品珍藏——中国玉枕。他们其后再请庞耐协助，为他们搜寻更多藏品。

随着夫妇两人逐渐吸纳更多知识并收藏更多珍品，他们也进入了收藏的圈子，结识了更多首屈一指的亚洲艺术学者。欧云先生曾说："我们收藏的不仅仅是工艺精品，更是朋友。"他所指的朋友，便是一群他视为好友的学者。与此同时，佛罗伦斯也进入哥伦比亚大学研习中国艺术、瓷器及家具，参加大都会艺术博物馆的讲座课堂。

欧云伉俪认为艺术应公诸同好，与所有人共享。因此，二人从 20 世纪 80 年代开始便将珍藏捐赠予毗邻其寓所的纽约大都会艺术博物馆。

佛罗伦斯曾表示："拥有与分享是每位收藏家的心愿，两者并非相互抵触。我们希望尽可能与大众分享所好，就此而言，大都会艺术博物馆确实是不二之选。"

2016 年，曾被誉为纽约市最慷慨慈善家的欧云先生与世长辞，太太佛罗伦斯也在两年后逝世。

▌ 纽约大都会艺术博物馆

　　欧云伉俪均出身于普通家庭，从窘迫到辉煌，从清贫逆袭成为富豪，继而成为声名卓著的收藏家，再被誉为纽约市最慷慨慈善家，他们捐赠金额高达 10 亿美元。欧云伉俪也是纽约大都会艺术博物馆最大的捐助人。

　　欧云伉俪对艺术的真诚热爱与无限慷慨，带给我们有益的启示。

　　我关注欧云伉俪旧藏并不是这次拍卖才开始的，早在 2019 年 3 月 20 日和 21 日，佳士得纽约连续举办两场 "髹金饰玉——欧云伉俪珍藏晚间拍卖"和"髹金饰玉——欧云伉俪珍藏日间拍卖"，那时我已经很有兴趣，但那两场没有瓷器，不符合我的收藏方向，我只能作壁上观。

　　欧云伉俪名声如此之响，现在刚好机会难得，不入藏他们夫妇的一两件旧藏，好像有点遗憾，但他们收藏的中国古代艺术品以漆器、玉器为主，这次纽约大都会艺术博物馆专场的瓷器不多，我认真浏览了图录，选取了两件，一件是编号 44 的郎窑红釉油锤瓶，另一件是编号 45 的茄皮紫釉竹节形花插。两件都是康熙时期的。茄皮紫釉竹节形花插是这场拍卖的当然之选了，而对于郎窑红釉油锤瓶，我是踟蹰了一番的——因为佳士得的"芝加哥艺术博物馆珍藏中国瓷器及工艺精品"专场也出了两件郎窑红釉瓷器，一件是编号 719 的郎窑红釉梅瓶，另一件是编号 720 的郎窑红釉琵琶尊。

> **玮瑜说瓷**
>
> 油锤瓶：瓶的一种式样，小口，细长颈，颈部上下粗细基本一致，溜肩，圆鼓腹，平底，形似旧时榨油作坊用的油锤而得名。仅流行于清代康熙朝。

由于在 2015 年纽约大都会艺术博物馆首次开仓拍卖中国古瓷器时，我竞得两件，就是说我已有纽约大都会艺术博物馆的旧藏了，而芝加哥艺术博物馆的旧藏我还没有一件，对于同样来源非常好的这三件郎窑红釉瓷器，我首选是芝加哥博物馆的旧藏。还有，从价格对比来看，芝加哥博物馆的这两件郎窑红釉瓷器，佳士得的起拍价才四五千美元，远远低于苏富比这件大都会旧藏的起拍价 3 万美元。更为重要的是，佳士得上拍芝加哥博物馆旧藏的梅瓶，跟我藏有的一件卢芹斋递藏过的郎窑红釉梅瓶无论外形还是尺寸，均相近（详见《你所不知道的中国收藏》第一章"前世今生"），两件可以凑成一对，我当然更感兴趣。综合以上几方面的考虑，我果断放弃了苏富比上拍的那只大都会旧藏郎窑红长颈瓶，选定竞拍茄皮紫釉竹节形花插。

从图录来看，这只竹节形花插极具创意，一般的花插造型只有一个插

▌清康熙茄皮紫釉竹节形花插

口，而大都会艺术博物馆这只花插，是由两根高低不等的竹节构成，竹节
虚空而做花插插口，两根竹节之间以塑贴花工艺塑制一丛竹叶，竹叶萧疏
却使两根竹节巧妙地联结成为一个整体。整个花插呈挺拔修长之姿，带凌
风劲节之意。用于摆设时，两根竹节一高一低、上下有致，立体感强，有
参差错落之美；用于插花时，插一枝则得一枝独秀，插两枝则高低分插，
互相唱和，顾盼生姿。这样造型的竹节形花插我是第一次看到，很喜欢它
的别出心裁，造型新颖瘦巧，而且茄皮紫的瓷器我只有一件来自日本茧山
龙泉堂旧藏的乾隆爵杯，如果入藏多一件康熙的茄皮紫，就能更丰富自己
的收藏体系。

不过，这只花插如此小巧，应该不是实用花器，而是案头陈设的文房
器，是用来赏玩的。

> **伟 瑜 说 瓷**
>
> 花插：又称为"花囊"，是插花用的容器，有瓶形、鼓形、筒形、
> 圆球形、梅花筒形等多种样式，内可插物，有多种釉色。花插属陈设用器。

茄皮紫釉是高温颜色釉品种之一，以锰为呈色剂的釉料中混入适量的
碱，铁和钴起调色作用，经高温烧成，釉层坚硬，釉色酷肖生活中常见到
的茄子皮的紫色，故称茄皮紫。就我历年拍场所见，茄皮紫一般有浅、深
两种釉色，浅者似将熟的茄皮，深者如熟透的茄皮。茄皮紫釉创烧于明代
弘治时期，以清康熙时期制品为最好，釉色乌亮泛紫，色调浓艳，十分美
观。茄皮紫釉因釉色较深，有时容易与宝石蓝釉混淆，但认真欣赏，釉面

紫湛凛冽，清澈怡人，有一种神秘浪漫的气氛，美得沁人心脾，它像高冷孤傲的君子一般，俏也不争春，只把春来报，让人遐想和回味。

在中国传统文化里，紫色是尊贵的颜色，所谓的"紫气东来""朱紫盈门"，是吉祥、富贵和华丽的祝福。茄皮紫釉往往带着一种高贵、神秘的色调。

我请苏富比亚洲区中国艺术品部副主席李佳查一下花插的品相报告，李佳很快发来报告的内容："口沿有一处小剥釉，足圈有磕痕。有窑烧瑕疵，器面轻微磨痕，属正常。有木座，出境需要申请出口证。"

同时，我也请正身在纽约的黄少棠先生帮我掌眼再去看看这件拍品，这些年我入藏的瓷器，基本上黄先生都会先帮我过眼一遍，他眼光好，目鉴水平高，实战经验丰富，而且他还会设身处地为我考虑，从我的整个收藏体系出发来考虑藏品的配置，对我做出很多有益的建议。我们时有在一起讨论某件拍品是否值得入藏，入藏后在我的藏品系列里能否拾遗补缺、有所裨益。他是我的良师益友，多年来一直在后面默默地帮助我。

黄先生到预展看完后告诉我："这只花插是比较少有的文房器，很好玩的，是摆放在案头的花器。图录说是 18 世纪的，我看还要早一些，应该是康熙的。但要留意有个木座，木座涉及濒危绝种植物，在美国申请出口非常麻烦，如果竞得了，要叫苏富比帮你办理手续，或者就放弃了这个木座。花插的来源非常好，第一个来源是一个非常有名的大行家，然后又是欧云夫妇的旧藏，三还是大都会博物馆的旧藏，可以买的，价格应该不太贵。"

我遂请李佳帮我下了电话委托。

这场"云逸雅集：大都会艺术博物馆之中国艺术——佛罗伦斯及赫伯

特·欧云伉俪惠赠"专场是在 2019 年 9 月 10 日开拍的，不过说起来真是好笑，我竟然忘记了 9·10 是这个专场拍卖日，都忙过头了。

那天下午，我在工商银行广州私人银行中心讲课，中秋来临之际，工商银行特意为工行高端客户举办了一场名为"拨云见月·财艺鉴藏"的高端客户回馈活动，我是主讲人。在欧美等发达地区，艺术品投资是家庭资产配置的重要一环，而在国内，绝大部分的家庭都没有相关的观念意识。但是，随着中国经济的发展、人们生活水平与审美水平的提高，收藏理财逐渐走进大众视野，成为中高端收入人群的一种资产配置方式。工商银行广州私银中心就是看到这种趋势，请我去跟工行的高端客户讲授收藏理财方面的知识。

从下午忙到晚上，一身疲倦回到家里，收拾完毕上床休息时已近十二

▌冯玮瑜在"拨云见月·财艺鉴藏"活动讲课现场

点了。夜色深沉，月暗星疏，刚刚躺下，电话突然响起来，真讨厌，大半夜了，还来电话骚扰，我看也不看顺手就把电话摁了。可电话又再次响起，还不依不饶地响个不停，谁那么促狭，扰人清梦，我有点生气了，拿起来正想训斥，一看来电显示，一串的国外号码，心里咯噔一下，蓦然记起了纽约苏富比的拍卖委托，人立马清醒过来，睡意全消。拍卖是在纽约当地时间早上十点开始，也就是国内晚上十点，现在接近十二点。这个美国来电应该是苏富比的电话委托，今天忙着讲课做活动，都差点忘了这事。电话刚接通，那边说："你委托的45号快到了，我负责你的电话委托出价，我是李佳呀。"怪不得语音那么熟悉，我立即坐起来，聚精会神听着纽约的现场情况，一边沉着参加竞价。

拍品由3000美元起拍，有几家参与举牌，价格1000、1000地向上加，互不相让，不久就到了1万了，我原想1万以下就可以拿到的，没想到会那么激烈，我想了一下，加了1000，出价1.1万。

1万是一个整数关口，一般来说，参加竞拍的人都会设定一个最高价，一超过最高价就放弃了，这个最高价往往就是一个整数关口，有时竞价良久，在这个整数关口加多一口价，拍品就是你的了。由3000到1万，我想这是许多人预设的最高价了，所以我就加多一口价。等待了片刻，对方也加了1000，到1.2万了。翻过了这个整数阶梯，还没能结束战斗，看来又得继续新一轮竞价了，我摇摇头，无奈地跟着加了一口价，1.3万。接着，对方又报了一口价：1.4万。我有点迟疑了，李佳问我还加不加，再加就是1.5万了，由3000到1.5万，价格已经不低了。我脑子飞快地转了一圈：这只茄皮紫釉竹节形花插对我的藏品系列重不重要？我的收藏系列目前没有康熙茄皮紫釉，也没有欧云夫妇的旧藏，而且这只是大都会艺术博物馆出

▌ 苏富比亚洲区中国艺术品部副主席李佳（右）与冯玮瑜（左）
交收茄皮紫花插

来的，来源相当好，上半年嘉德拍卖"天民楼藏瓷"里编号 3603 的康熙
茄皮紫盘也拍了 46 万元人民币，这件还应该继续加价争取一下。电光石
火之间，我告诉李佳："加一口，1.5 万。"李佳立即用英语帮我出价："Fifteen
thousand。"电话里听得清清楚楚。等了一下，拍卖现场好像有点什么状
况，我问李佳："怎么啦？"李佳说等等。一会儿李佳说："刚才那个 1.4
万说不要了，你这只应该是 1.3 万，不用 1.5 万了。"呵呵，有这等好事！
紧接着听到电话那头"啪"的一声敲槌声，李佳说："1.3 万下槌，恭喜你！"

"谢谢你！"

"可以早些睡觉了，可以睡个好觉了。"李佳戏谑道。

毕竟是两百多年的老牌拍卖行，苏富比没有一定要我按曾经出过的1.5万来下槌，诚信，在这些细节上得到体现。

得到了一件欧云伉俪捐赠的纽约大都会艺术博物馆旧藏，还少付2000美元，心里也觉得挺美的，这一觉睡得舒服。

第二天，纽约苏富比拍卖战报出来，那只郎窑红长颈瓶成交价才2.75万美元，意味着只是2.2万美元就下槌了，还没到3万美元的底价，真便宜啊！真没想到，我有点后悔了，早知道该下手啊。（后来获知，这只长颈瓶被佳趣雅集理事张志大哥买去了，并于2021年5月18日在嘉德拍卖释出，成交价为98万元。）

黄少棠先生一早发来短信，恭贺我以超低价竞得苏富比郎窑红长颈瓶。他按我以往的举牌习惯，认为一定是我拿下无疑，哪知道我竟然没去委托下单！我很遗憾地告诉黄先生：我没下单，买到的那个人不是我。

黄先生显然觉得很意外，迟疑了良久才回复我："苏富比那件拍得太便宜了，不过今晚佳士得还有郎窑红，还有机会。"

是的，虽然痛失了苏富比大都会那只郎窑红长颈瓶，心里挺可惜的，但想到今晚还有佳士得芝加哥那两件，连大都会旧藏都这么低价成交了，起拍价更低的芝加哥博物馆旧藏应该更低了吧。我信心满满，暗想干脆今晚就把这两件郎窑红釉全拿下了，以弥补错过大都会这件之憾。

深夜一点多钟，纽约佳士得的电话来了，719号梅瓶首先上拍，没想到价格几下就去到10万美元了，不就5000起拍吗？是佳士得报错价了吧？苏富比那只比佳士得这只大多了，成交价才2.2万美元，我连忙问："到底是 1 万还是 10 万呀？是不是报错价了呀？"

电话那边吓了一跳，接着肯定地说："没有搞错，确实是 10 万呀，是现场举牌的。"说话之间，佳士得又报告："现在网上报价 11 万了，是来自香港地区的出价。"

我在拍场上素来理智，虽然千万个心愿想两只郎窑红釉梅瓶能配成一对，但由 5000 美元起拍竞争至 11 万美元，这个价格已远超了我自己的预设价，我遂放弃了，反正还有下一件。

紧接着 720 号上拍，那是一只琵琶尊，这只虽然有几条冲线等瑕疵，因我已经有一只康熙乌金釉琵琶尊了，现在再收一只郎窑红釉的，可以对比研究。没想到这只又是竞价到 11 万美元落槌，同样是来自香港地区的网上出价竞得。由 4000 起拍到 11 万落槌，折合 107 万多港元成交，这位香港朋友接连高价夺得两件郎窑红釉瓷器，真够勇啊！

人算不如天算，自以为高明，还想什么凑对呀，对比呀，统统落得竹篮打水一场空，真让人懊恼万分。我忍不住立即气鼓鼓地发信息给黄先生："佳士得两件我都没竞得，都拍到 11 万美元落槌，真拍疯了！早知道就拿下苏富比那只好了。"

黄先生也马上回复："拍卖场有时候就是这样不理性、不合理的。我想来想去，也想不明白为什么会拍到这么高价，这两件还是有瑕疵的。拍卖场就是这样的，永远不知道下一秒会出什么事，尽力就行了，下次有机会再买吧。"

当年不肯嫁春风，无端却被秋风误。总以为后面有更好的，哪知错过了眼前，就没有以后了，留下的只是遗憾。三件出身博物馆的郎窑红釉瓷器，我就这样眼睁睁看着"琵琶别抱"，从此萧郎是路人。

幸好，总算还竞得了一只纽约大都会艺术博物馆旧藏的康熙茄皮紫釉花插，聊慰芳心。

欧云伉俪收藏的绝大部分如今只能在纽约大都会艺术博物馆一窥芳容。为庆祝大都会艺术博物馆亚洲部成立100周年，欧云在2015年就一次性捐赠大都会近1300件藏品。能够从这份当年顶级的亚洲艺术收藏中得其一件，对我来说，探骊得珠，亦足可欣慰。

花插，顾名思义是插花之器，插花最早源自生活中的祝祷和审美活动，琴棋书画诗酒花，是人生的一种境界。挂画、插花、焚香、煎茶是古人风雅之事。

古人喜欢插花，将胸中的灵慧和个性，应用于大自然的花草，构成插花的艺术生活。插花是心灵与自然的契合，也是自然生态与人文情思的综合。

花可明意，器可载道，插花需先有立意，再借由器具、花材、造型、色彩的搭配来呈现意境。在此过程中，花器就像一方小天地，容纳了山川、池沼、湖泊等精致场景，提供了无限变化的空间。每一种花插、每一种花材、每一个造型，都寄托了某种寓意，与插花人的情感、思想以及心境息息相关。案有瓶花，一室之中，有如春在。而花插的选择，则如明代人张谦德所著《瓶花谱》所说的"堂厦宜大，书室宜小，因乎地也"。

在宫廷里，实用的花插一般还配有金属插花内胆，这是以内胆隔离水与花插，防止春冬天气时，水易结冻，导致瓷质的花插崩裂。还有一些花插，则是文房器，摆在案头作观赏把玩之用，是生活品位的点缀。正所谓"名花倾国两相欢，常得君王带笑看"。

近年来，文房器越来越受到收藏群体的重视，因为那是一种情怀。这

香港会议展览中心"御案存珍"展览现场展出的这只康熙茄皮紫釉竹节形花插

个高度仅仅 14 厘米的花插，我想，应该不是真正用于插花的，而是摆在案头的文房器，让人在案牍劳烦之时，玩赏这个花插，以寄托插花之思。翠竹为伴，红袖添香，秉烛夜读，风流自往。

中国人讲究意趣，像中国画也讲究"留白"，留白不是真的空白，而是留下让人想象的空间。当拿着这个花插在手上玩赏时，虽然眼前无花，却可以想象它插花的样子，想象一下它插哪一种花卉，想象一下两个竹节插口怎么插。想一想，美一美，就舒缓了案牍之累，一如唐代刘禹锡《陋室铭》所言："无丝竹之乱耳，无案牍之劳形。"

竹子的虚心、有节、清拔凌云、不畏霜雪等特性很自然地与古代士大夫的审美趣味、伦理道德意识相契合，成为君子贤人理想人格的化身。

梅兰菊竹，竹是四君子之一，是凌霜傲雪的象征。筛风弄月、潇洒一生，清雅淡泊，是为谦谦君子。由于人们对这种审美境界的神往，竹便成为咏物诗和文人画中最常见的题材。

竹子枝杆挺拔，修长，四季青翠，凌霜傲雪，备受中国人喜爱，中国古今文人墨客，爱竹颂竹者众多。

竹在清风中簌簌的声音，在夜月下疏朗的影子，都让诗人深深感动，而竹于风霜凌厉中苍翠俨然的品格，更让诗人引为同道，因而中国文人的居室住宅中大多植有竹子。王子猷说："何可一日无此君！"苏东坡说："宁可食无肉，不可居无竹。无肉令人瘦，无竹令人俗。人瘦尚可肥，士俗不可医。"朴实直白的语言，显示出那悠久的文化精神已深入士人骨髓。

室雅何须大，花香不在多。文房用品追求的是文龙雕心般的雅致，不求器型硕大，体现的是主人优雅，讲究的是意趣。这只竹节形花插，将竹子"劲节""虚空""萧疏"的个性表露无遗，使人在玩赏中品味它的君子之风。它的"劲节"，代表不屈的骨气；它的"虚空"，代表谦逊的胸怀；它的"萧疏"，代表超群脱俗。

明月如霜，好风如水，案头的竹节形花插，翠竹低吟，挺拔劲节，紫翠欲滴，婆娑可爱，既有凌寒傲雪的铁骨，又有翠色长存的高洁。

竹节形花插配以深紫的釉色，是为紫竹，这个花插就更有一重深意。崇信佛教的人都知道观世音菩萨的住所是在紫竹林里，浙江普陀山是中国佛教四大名山之一，也是观音菩萨的道场，其中有一处胜景，就是紫竹禅院，在通往禅院的小道两旁栽种紫竹，蔚然成林，人走在其中，心中陡然宁静。

我多次前往普陀山，这条紫竹成林的路径是我常经过的地方。我的微信头像已多年没有更换，头像正是在紫竹林前往"不肯去观音院"路上拍

▍普陀山观音像

下的黄昏时刻的观音像。

案头的这个紫竹花插，森森翠色，飒飒临风，既是文人吟风赏月，寄情抒怀，也暗合着佛法无边，如影随形。一件小花器，两种情怀寄。

从漫步普陀山的紫竹林到今天入藏纽约大都会艺术博物馆旧藏紫竹花插，真是缘分，以后常有紫竹相伴，观音常在。

案上竹常在，人间秋月长。

# 捡漏，是运气还是技术？

"黄河路上，信息最贵。"王家卫导演的电视剧《繁花》描摹了 20 世纪 90 年代上海的繁华喧嚣与金融市场的浮沉变迁。剧中女主角只身闯荡上海滩，用一家饭店搅动着黄河路商海，在《繁花》的开局就用这句话点明，信息的交换，隐含着财富的流动，黄河路上的酒家不仅仅是招待客人的地方，更是信息交换的中心。

绝大部分可以赚钱的生意归根结底都是利用信息差，而能赚到钱的人总在千方百计构筑信息壁垒，扩大信息差。你如果选择随流而下，就有可能在普通繁杂的信息中错失自己的商机。了解企业消息、行业趋势、宏观经济状况等信息，能够让投资者更好地制定自己的策略，作出明智的决策。在这个信息爆炸的时代，最关键的问题是，如何从海量的数据中筛选出对自己有用的信息，这是每个人需要思考的重要课题。这一点在收藏投资领域更为重要。

天价鸡缸杯的捡漏传奇在收藏圈传为美谈，不少人做着黄粱美梦，想着有朝一日能捡到"大漏"。不过，这样的机会可遇不可求，捡漏是运气，更是技术。艺术品都是非标品，拍卖市场上参与者的背景纷繁复杂，藏家、倒爷、古董商、拍卖行，信息流传百转千回。不仅参与者本身存在信息不对称和认知差异，还有被刻意制造出来的烟雾信息，稍有不慎别说捡漏，还很有可能踩坑。真正能遇到"大漏"，考验的是眼界上的差异。仇焱之慧眼收下了鸡缸杯，源于其有独特的古书画鉴赏天禀，又在古陶瓷的画工纹饰与造型上深有研究。在别人目之未及处发现艺术品蕴含的价值，才能写下收藏界捡漏的传奇佳话。

能否捡到漏，一看眼力二看机缘，如今网络信息发达，能遇见"大漏"的机会不多，但是"小漏"借助仔细的信息搜集和圈内人脉资讯，辅以机缘巧合，常会有意外惊喜。就比如受关注极高的著名藏家专场拍卖会，就偶有意外所获，因为拍卖专场藏品群星荟萃，小物件拍品可能会因关注度不足形成灯下黑现象。建议有心藏家在信息收集上多做功课，对相中的藏品或拍品做详细的背景调查。尤其是拍卖会上相中的拍品，举牌竞价瞬息万变，事先要做充分准备，有助于以合适的价格竞得心中好。记住一个原则，拍卖会最忌冲动，要考虑收益与风险的平衡点，宁可错过，不可买错。好东西是买不完的，留得青山在，不怕没柴烧。

身穿白衣华裳，

长颈轻扬，轻吟浅唱，

溜肩柔美，婉转风流模样。

鲤鱼跃动，尾鳍轻摆，

春波正荡漾。

你是我最深的梦幻乡，

每一个瞬间，都是我永恒的记忆篇章。

静如姣花照水，

动似鱼跃三江。

绝代有佳人，

为谁倾心为谁向。

咏清三代白釉模印鲤鱼纹摇铃尊

第七篇

【云在青天水在瓶】

一只『中国古董教父』安思远旧藏

清三代白釉模印鲤鱼纹摇铃尊

入藏记

藏品名称： 清白釉模印鲤鱼纹摇铃尊

尺寸： 高18.5厘米

年代： 清三代

来源： 1.William B.Gruber（1903—
1965）旧藏 编号：B-154

2.Norma Gruber Schofield 旧
藏

3.纽约佳士得 1982年12月2日 编
号：461

4.Ralph M. Chait Galleries 旧藏

5.纽约佳士得 2015年3月19日
"锦瑟华年——安思远私人珍藏"
编号：437

6.保利（厦门）2018年7月15日
"玄览——重要古董器物专场"
编号：0940

展览： "五色祥云——自得堂藏宋元明清
单色釉瓷器"广东省博物馆 2018
年7月28日至8月28日

出版： 《五色祥云——自得堂藏宋元明清单色釉瓷器》广东省博物馆事业发展基金
会， 岭南美术出版社2021年6月，第166至167页

**冯玮瑜藏瓷精选：**

　　此摇铃尊，颈长而直，溜肩圆润，直腹稳重，下承以矮巧之圈足，形态雅致，别具一格。
通体施以白釉，素白如云。腹部模印鲤鱼纹，数条鲤鱼悠然自得，尾鳍轻摆，于水草间嬉
戏追逐，仿佛游弋于无垠碧波之中。鱼鳞片片清晰可辨，身形流畅自然，模印工艺精湛，
生动传神。

"中国古董教父"？——他是谁？

他的名字叫安思远。听名字好像是中国人，实际上他是一个金发碧眼的犹太裔美国人，他的英名叫 Robert Hatfield Ellsworth。

能够以"中国古董教父"名头纵横国际艺术品收藏界，当然不是浪得虚名。喜欢收藏中国古代艺术品的人，一定听过他的名字。在全球中国艺术品收藏界，仅有为数不多的名字能够让人立即联想到那些精美绝伦的不世之珍。

"教父"是西方的说法，在中文词汇里，它的意思就是金庸的武侠小说"教主""舵主"，那是号令一方，莫敢不从的江湖领袖，安思远被称为"中国古董教父"，其在中国古董收藏界的地位不言而喻。

我多年前看过马里奥·普佐的小说《教父》，印象最深刻的就是里

安思远照片

面的一句话："每个人只有一个命运！"成龙成虫就看你有没有把握住机会了。

犹太人安思远是善于把握住机会的，而且把命运给自己的机会发挥得淋漓尽致，成就了一番事业。

多年前的耶鲁大学校园里，有一个犹太学生报读中文专业，可因为经常在课堂上开小差，老师王方宇为这个犹太人取了一个有安定静思含义的中文名字——安思远，这个"天才般的古董冒险家"的故事就是这么开始的……多年后，他成了闻名世界的"中国古董教父"。

安思远1929年出生在美国曼哈顿，爸爸是纽约极负盛名的牙科医生，妈妈是一位歌剧演唱者。安思远本人是一位烟不离手、永远穿着马靴的牛排饕客。他的客户名单中，不仅有纽约大都会艺术博物馆、克利夫兰美术馆等重量级收藏单位，也有如克利斯蒂安·修曼、约翰·D.洛克菲勒三世这样的大银行家和实业家。

安思远是美国知名古董商兼收藏家，原苏富比教育学院中国区首席代表、资深艺术品市场顾问。他从小就对收集物品感兴趣，从收集中国邮票开始，逐渐进展到收藏鼻烟壶，1960年开办安思远高德画廊经营古董生意，并逐渐成为最具权威的国际亚洲艺术古董商。

他是美国及整个西方艺术界公认的最具眼光和品位的古董商兼收藏家，他收藏了很多重量级的中国文物。上海博物馆所藏的宋拓《淳化阁帖》就是安思远半卖半送的。他去世后，他的藏品做了专场拍卖，拍出的价格比藏品市值高了好多倍，可见大家对安思远这个人的认可。

安思远曾直言不讳："我首先是一个古董商，然后是一个收藏家。"他终身未娶，整日与东方艺术为伴。在他去世后，2015年3月，他的旧藏在纽约佳士得的亚洲艺术周上，以"锦瑟华年——安思远私人珍藏"专场进行拍卖，七天六场拍卖，创下 8.16 亿元人民币成交额的历史纪录。

这些年明式家具在收藏拍卖圈的走红与他不无关系。在"锦瑟华年——安思远私人珍藏"专场里，他旧藏的一堂四椅的黄花梨圈椅拍出 850 万美元，加上手续费共 968.5 万美元，合计人民币 6000 多万元，创下了迄今为止圈椅最高拍卖纪录。

连他在纽约第五大道的豪宅后来也以 3.7 亿元人民币转卖成交。

对于这一切，他生前就说过："中国艺术给了我一切。"

1978 年中国改革开放后，安思远多次到中国进行考察和学习，并完成了人生中一次重要的收藏——收藏《淳化阁帖》。《淳化阁帖》是北宋淳化三年（922），宋太宗赵光义命人收集历代书法名家作品，共计 403 篇作品，然后摹刻而成，被称为"法帖之祖"。

1994 年，安思远听从中国专家建议，在纽约拍得一卷流传有绪的《淳化阁帖》。第二年，安思远又在香港佳士得拍得三卷《淳化阁帖》，这三卷均为摹刻王羲之书迹的专卷。于是，安思远手上共有四卷"魏晋至唐宋法书的原始留影"，至今仍为海内外唯一可见的北宋祖本。启功得知安思远手上有《淳化阁帖》后，托人动员安思远将此帖带到中国展出。终于，安思远在 1996 年携四卷宋拓《淳化阁帖》到北京故宫博物院参与展览。启功和国内其他专家对书帖进行鉴定，一致认为是宋刻宋拓无疑。

犹太人认为赚钱是天经地义、最自然不过的事，如果能赚到的钱不赚，那简直就是对钱犯了罪，要遭上帝惩罚，犹太商人赚钱强调以智取胜，用智慧去赚钱。在犹太人的挣钱术中，有一条广为人知的法则——即使 1 美元也要赚。

安思远（左一）、启功（左二）等在故宫"美国安思远先生收藏碑帖珍品展"开幕式上

《淳化阁帖》（部分）

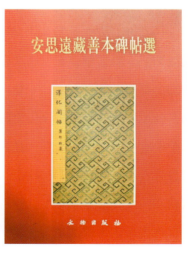

《安思远藏善本碑帖选》

但"中国古董教父"不一样。2003年，安思远以450万美元的价格将四卷《淳化阁帖》转卖给了上海博物馆。当时日本博物馆的出价已经高达1100万美元。上海博物馆的出价其实远低于安思远的预期，他觉得既然书帖属于中国，那"我就让它回到中国"。

此前，在2000年，纽约佳士得一场拍卖会前夕，中国学者突然发现拍品中的一块汉白玉彩绘浮雕武士石刻是近代被盗的五代王处直墓中的文物。按照国际公认的文物保护相关法规，中国国家文物局随即发起了紧急追索程序。

然而类似的跨国追索此前从未有过成功案例——当文物变成拍场上的拍品，在多方利益的盘根错节之下，很难成功达到跨国追索的目的，圆明园兽首在我国追索的情形下仍被公开拍卖就是活生生的例子。

国家文物局追索被盗文物要提供很多资料来举证，卖家当然不会提供协助了。随着拍卖日期一天天逼近，时间越来越紧迫，困难越来越大。安思远闻知此事后，他马上回到自己的仓库翻找——果然曾经收购过一块显然与佳士得拍品是一对的。安思远马上联系中国国家文物局，详细地将自己收藏的另一块汉白玉彩绘浮雕武士石刻照片、资料一并发送过来。他公开表示：既然这是违法盗运出国的中国文物，不管自己曾经花了多少钱收购，都会无偿归还给中国，以维护全球的文物保护秩序。

连"1美元也要赚"的犹太古董商在这关键时刻主动站出来协助中国国家文物局，并表态要无偿归还违法盗运出境的中国文物，真是难能可贵。终于，2001年美国法院作出了返还中国被盗文物的最终裁决，同年5月，这两块五代王处直墓的汉白玉彩绘浮雕武士石刻双双归还中国，入藏中国国家博物馆。

▍五代王处直墓的两块汉白玉彩绘浮雕武士石刻像

这是我国有史以来第一次通过国际法规无偿追回被盗文物，有第一次才会有以后的无数次，这个首次的重要意义可想而知。

2002年，他又将一件西周青铜器"归父敦"无偿送还中国。

能够不锱铢必较，这就是犹太商人安思远的思想高度。

2015年3月"锦瑟华年——安思远私人珍藏"在纽约拍卖时，轰动收藏界，而我没有参与，那时我刚好碰上一件烦事要解决，费心费力的，就没心绪参加万里之外的拍卖。等我处理好，缓过神来，安思远旧藏早就拍卖完了，虽然知道拍得非常灿烂，那时我也没觉得有什么遗憾。

真正引起我对安思远的兴趣源于2018年11月20日中国嘉德秋拍"安思远藏善本碑帖十一种"专场，此碑帖善本含宋拓本7种，元明间拓本1种，明拓本3种。碑帖拓本再现原帖的风韵，是书法的范本，也是学书人的理想碑帖。从古至今习书之人一直为能得到一本传世碑帖而感到自豪，仿佛习武之人得到了武功秘籍。

安思远曾于 20 世纪 80 年代末收藏过 12 种碑帖善本，涵盖了从先秦到南宋的中国书法史，不仅有石鼓文、汉隶、魏晋南北朝早期的楷书、书圣王羲之的作品，还有三国时期很有特点的天发神谶碑、北宋最有名的《淳化阁帖》和南宋的《群玉堂帖》。

2003 年，其中的宋拓《淳化阁帖》四卷祖本由上海博物馆以 450 万美元购藏，而其余 11 种藏品则在 2018 年 11 月嘉德秋拍上出现。

我在嘉德展厅的每件碑帖前伫立良久，这几本字字珠玑、笔笔精彩的名帖，怎么也看不够。我知道这样一次饱览 11 件的机会以后不会再有，能多看一遍就多看一遍，片刻就是永远。

"安思远藏善本碑帖十一种"最终以 1.926 亿元成交，创造了金石碑帖拍卖的世界纪录。

"安思远藏善本碑帖十一种"之一的《瘗鹤铭》

　　这些碑帖是安思远自 1989 年至 1995 年期间，在美国纽约佳士得、苏富比两家拍卖公司所得，据不完全统计有 120 万美元以上的投入（其中有三种价格不详），今天以 1.926 亿元人民币成交，让我意识到安思远是一个精明、有魄力的古董商，不管怎样，闻名天下的 12 种碑帖最终留在国内，功德无量。

　　他确实是个了不起的古董商，也无愧是一个大收藏家。

　　在藏瓷界较有名望的大藏家的旧藏，我大多有入藏一二，安思远那么大的名头，特别是看过他旧藏的碑帖后，对他更是尊敬。我想，入藏他一件旧藏最能表达我对他的尊敬，也让自己的收藏体系里多一件大名家旧藏。这点领悟虽然来迟了，有亡羊补牢之嫌，我仍想找机会弥补遗憾，安思远的旧藏拍卖专场早在 2015 年就开了，他的旧藏早已散佚四方，但不代表没有机会。

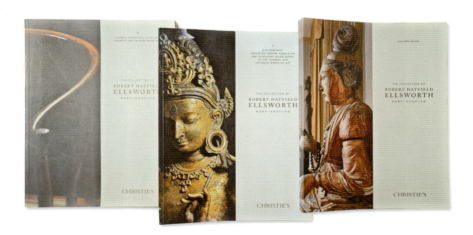

▎"锦瑟华年——安思远私人珍藏"部分图录

我重新翻看"锦瑟华年——安思远私人珍藏"图录，想从中挑选一两件，查找器物在谁手上，再跟别人谈是否愿意割爱。首先挑中一对"慎德堂"款识的黄釉瓶，这对瓶符合我收藏黄釉系列的计划，我向佳趣雅集的召集人张志大哥打听消息，他有去纽约参加这场安思远的拍卖，而且他路子广、消息灵，对某些货物落在谁手上或许知道。张大哥一听就说："这对瓶我知道在谁手里，我帮你问问，看他愿不愿转让。"

等了几天，没有回音，我再问了张大哥一次，他说人家没回复。我明白了，现藏家暂时不想转让，那就再找安思远的另一件旧藏吧。

**玮瑜说瓷**

　　"慎德堂"是清朝道光皇帝的私人堂号。"慎德堂"本为圆明园内的一座宫殿建筑，位于圆明园九州清晏岛，是道光皇帝在圆明园内居住的寝宫，当时一切政令均出自此处，其与紫禁城的养心殿具有同等重要的地位。道光皇帝专门写了《慎德堂记》解释了"慎德堂"一名的由来。出于对慎德堂的偏爱，道光皇帝要求慎德堂的日用品，均要带有"慎德堂制"的特别标志。作为道光皇帝的私人御用瓷器，慎德堂款瓷器代表当时制瓷最高水平。

刚好这时，收到了保利厦门拍卖 2018 年春季拍卖会图录，翻开看了一遍，见到"玄览——重要古董器物专场"里就有一件安思远的旧藏，编号是 940，那是一只清三代的白釉摇铃尊，图录是这样介绍的：

"拍品长直颈、溜肩、直腹，下承矮圈足。通体施白釉，腹部模印鲤鱼纹，数条鲤鱼游转自如，尾鳍上摆，相嬉相逐，悠闲穿行于水草间。鱼

白釉模印鲤鱼纹摇铃尊

清三代白釉模印鲤鱼纹摇铃尊底部

鳞片片分明，身形流畅自然，模印清晰，精致生动。全器凝如脂，润如玉，观之玲珑素雅，意趣顿生。

　　"拍品最早由 William B. Gruber 收藏，后于 1982 年由纽约佳士得举槌拍出，之后辗转为美国著名的艺廊 Ralph M. Chait Galleries 购入，随后又递藏于安思远处，后于 2015 年纽约佳士得'锦瑟华年——安思远私人珍藏'专场中拍出。其经由多个古董商和收藏家接连入藏，传承有序，更显珍贵。"

　　看图录介绍，知道这件拍品经过多位名家递藏，而且我没有摇铃尊器型的藏品，这件拍品刚好可以补充我藏品器型方面的缺项，更重要的是，它又是我近期追寻的安思远旧藏。

▌摇铃尊玲珑素雅，意趣顿生。

　　有那么多、那么好的流传记录，真赝就不必怀疑了，只需要关注品相。于是，我请保利厦门拍卖陈嘉莉经理把品相报告发来，同时也多拍几张照片发过来。

　　根据嘉莉发过来的资料、图片判断，此尊品相虽非完美，但还是可以接受的，否则就没那么多大藏家收藏过它了。我没有去厦门看拍品，直接委托嘉莉做电话竞投。拍卖时他们打电话过来，拍品预估价是 15 万至 25 万元，我最终以 35.65 万元成交，拿下了这只安思远旧藏的白釉摇铃尊。

　　这价格实在是太可人了，要知道市场上摇铃尊从不便宜。2021 年 11 月嘉德香港拍卖一对康熙釉里红摇铃尊，成交价为 1536 万港元。

　　这只白釉模印鲤鱼纹摇铃尊是嘉莉送来广州交给我的。打开包装盒，

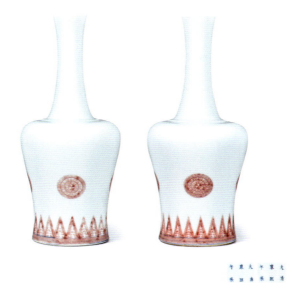

嘉德香港 2021 年秋拍 1536 万港元成交的釉里红摇铃尊

见实物与图录所述及照片毫无二致。终于也有一件安思远旧藏了，满足了
我一个小小心愿。

这只摇铃尊长直颈，溜肩，直腹微鼓，下腹略有收敛，平底浅圈足，
器身修长，线条优美。有一种说法认为这种下腹略为收敛的叫双陆尊，因
为摇铃尊一般下腹部稍为外撇。图录说这是摇铃尊，两者差别实际不大，
古代器物当时的名称和后来的叫法不尽相同，后人通常有一个约定俗成的
称谓，但有时人们根据自己理解的不同，赋予不同的称谓。往往同一件器
物，在这本书是这个名称，在那本书又是另一个名称，而实际上是同一件
东西。初入古瓷器收藏圈的人，容易被搞混。我还是遵从佳士得和保利称
之为摇铃尊，这样日后查证流传记录时就方便多了。

拍卖图录还引用一段史料介绍这只摇铃尊：

"清代皇帝对白釉器别有青睐，据现内务府造办处档案最早记载年希尧榷陶的史实就是受命仿烧前朝白瓷：'雍正四年五月十三日，据圆明园来贴内称太监雅图交白瓷把杯一件，交年希尧照样烧造。钦此。'由此可见雍正皇帝对白瓷素雅莹洁的喜爱尤甚。蓝浦《景德镇陶录》评曰：'（年窑）选料奉造，极其清雅……琢器多卵色；圆器莹素如银，皆兼青彩或描锥暗花玲珑诸巧样。仿古创新，实基于此。'足显清代所烧白釉瓷之美。"

这只摇铃尊文气在外，风骨于内。尊上的鲤鱼是宋代式样，可知其为仿宋代器物，因宋代瓷器是没有款识的，故此尊也像宋瓷一样没有留下款识，但以其精湛工艺及胎质釉色而论，必为清三代无疑，有可能是图录暗指的雍正御制。

此尊一身素白，白釉素洁如白云，尊腹几条鲤鱼游转，有如水在瓶中，因为有水方有游鱼。细赏此瓶，脑海中忽然想起一句"云在青天水在瓶"，觉得用来形容此尊恰到好处。把它陈设在书案上，从容淡然，气韵天成——绝代有佳人。

我跟保利厦门也算有点渊源，2014年11月他们成立的首场拍卖会，我专门去厦门捧场，那时候不认识他们的老板郭仲桦陈珊夫妇，也不认识他们公司任一人，到了预展现场，只有在书画部帮忙的乔亚宁是认识的，但乔亚宁是保利北京的人，过来协助保利厦门首拍。书画找乔总没问题，瓷器他不是本行，我就没找他。我自己在瓷器展场看了几遍，住了一个晚上，没见到熟人，没见到朋友，虽然人来人往，怪没意思的，就选择定了一件编号为627的"明宣德甜白釉暗花刻莲瓣纹莲子碗"做电话委托，找乔总帮我在委托单上签个名，就回广州了。

冯玮瑜收藏的明宣德甜白釉暗花刻莲瓣纹莲子碗

　　记得竞投电话是下午四点多钟打来的，由 150 万元起竞价到 195 万落槌，加上佣金，共 224 万多元成交。虽然不认识郭老板夫妇，对他们的首拍，也算是去捧个场，做了小小贡献。

　　然后我跟保利厦门约好了提货日期，一早出门飞去厦门，坐出租车摸索着找到他们公司，支付了 200 多万元货款和佣金。可能是不认识人吧，他们也没有招待我喝杯茶，喝口水的。给完钱拿到拍品，告辞出门，我看看手表，正是中午十二点半，太阳还挺猛的，周围的路全不认识，也不管那么多了，先找个地方吃点东西吧。七拐八拐，转到了白鹭洲公园，在里面瞎走，不知道如何走出去，那时候还没有"腾讯地图""百度地图"之类的手机导航，正好看见公园里有个酒家，就进去点了几个菜，没滋没味地匆匆吃完，问了酒家如何走出公园，然后打个出租车直奔机场。在厦门仅仅逗留几小时，就急急飞回广州，那时候厦门与广州还没开通高铁。

陌生的环境，周围没有一个人认识你，可你却手提200多万的瓷碗，万一碰上抢劫的，一个孤身女子可危险了。人就是这样，对于陌生的地方，总是有点不安全感。公园里四周绿树环绕，阳光明媚，本是景色如画，但彼时彼际，在我眼中却一片秋瑟。境由心转，当你忐忑不安的时候，满眼的景色就变了味儿。

这是我跟保利厦门的首次接触。没找熟人打招呼，也没去向郭总夫妇拜码头，备受冷落是自然的，乘兴而来，鼠窜而归。

后来，去多几次，又陆续买了些拍品，慢慢才熟络了。再去保利厦门参加拍卖，郭总每次都会请我吃顿饭——常常是一大桌子人一起吃。别看他招呼一大桌子人吃饭，那都是在收藏圈里叫得上名字的圈中翘楚，他的客户圈都是顶层的，真厉害！

如果你以为郭总是为节约而一堆人一起吃饭，那你就错了，恰恰相反，以我所见，郭总是拍卖界最会做生意的老板之一。拍卖预展就只有那么几天，五湖四海的买家到来，都是拍卖公司的重要客人，一个个分别接待，分身不下；如果遗漏了哪一个又接待不周，干脆就请到了厦门的朋友一起吃饭，一群实力相当的人聚在一起也聊得高兴。几天几场饭局，方方面面都打点到了。

不是猛龙不过江，郭总连台湾海峡都蹚着海水过来了，自然不可小觑。别看他虽然来自台湾，却对大陆瓷器收藏界了如指掌，特别是其经营手腕，无人能及，仅以一二事例说明。保利拍卖不仅仅是国企，也是国内数一数二的大拍卖行，郭总和保利拍卖双方合作在厦门设立保利（厦门）拍卖公

▌ 保利（厦门）国际拍卖董事长郭仲桦（右）与冯玮瑜在保利厦门拍卖 2019 秋拍精品巡展现场

司，并由郭总来操盘，拍卖时北京的同事也会过来厦门帮忙，保利厦门在郭总的带领下，在保利拍卖的支持下，佳绩迭出——这可非一般人能做到。

保利拍卖跟嘉德拍卖是竞争关系，郭总作为保利系的大员，我竟然发现参加嘉德晚宴的贵宾里也有郭总，真是有点奇怪，其他拍卖公司的老总可连个影子都没见到，应该是嘉德没邀请竞争对手，可郭总却在嘉德贵宾之列。郭总长袖善舞略见一斑，他真不仅仅是一个成功的拍卖公司老板。我从未听过他臧否过收藏圈的朋友，对谁都是一团和气，但又不是唯唯诺诺那种，有自己的主见，说话得体，总是恰到好处，让人听着舒服。

得知我曾悄悄地去他们首拍捧场后，他连连说："谢谢！谢谢！接待不周，真对不起啊！"

　　这是哪儿的话，自己又不是什么了不起的人，当时人家不认识你是正常的。对新开业的拍卖公司，能支持一下就支持一下呗，这是我的态度，而且刚好里面有自己喜欢的拍品。

　　2019 年 7 月 13 日，应保利艺术讲堂邀请，我为其作首场讲座，题目是"藏富密码——近年艺术品市场的趋势研究"，分析艺术品市场的走向，解开藏富密码。

　　这是保利艺术讲堂的首场讲座，没有选择在北京，反而在广州举办，因为同时期郭老板也带着保利厦门拍卖的秋拍精品首次在广州进行巡展。保利拍卖全方位配合着郭总的巡展活动，可谓不遗余力，郭总的情商让人佩服之至。

　　郭总手面阔绰，保利厦门生意越做越大，国内首件成交价过亿的瓷器，

▌郭仲桦和冯玮瑜在保利艺术讲堂合影

就是诞生在它那儿，那是 2019 年 1 月份上拍的清乾隆外粉青釉浮雕芭蕉叶镂空缠枝花卉纹内青花六方套瓶以 1.495 亿元人民币成交，创下了当时国内瓷器拍卖的最高价纪录。

五年时光，保利厦门，佳绩连连，光照海峡两岸。回顾我自己的收藏，每年都会从保利厦门入藏到自己心仪的藏品。

没有曲折离奇，没有荡气回肠，没有童话故事，当我蓦然想要一件安思远旧藏的时候，这只白釉摇铃尊适逢其时出现了，没有早没有晚，时间刚刚好，再次印证了那句老话：收藏是一种机缘巧合。试想，如果我早两年去参加纽约的安思远旧藏拍卖，入藏的可能不是这只摇铃尊了；如果不是现在起了要入藏一件安思远旧藏的念头，与这只摇铃尊也就一晃而过了。

由纽约回到厦门又落户广州，经过那么多名家递藏的清三代白釉模印鲤鱼纹摇铃尊，终于入藏自得堂，人与藏品的相遇相聚是如此的神奇！冥冥之中自有安排。

后知后觉入藏这只清三代白釉模印鲤鱼纹摇铃尊，是对一位西方"中国古董教父"的致敬。

我寄愁心与明月，随风直到夜郎西。

玮 / 瑜 / 说

## 收藏与理财

---

# 眼力、品位、情怀 像"古董商"一样思考

　　成功收藏家的养成之路往往与两类人常伴：一类是古董商，另一类就是艺术史家、考古学家。顶级藏家与顶级古董商有着紧密的合作关系，玫茵堂收藏王国的建立就有着一众老牌古董商助力的功劳，后面站着的是老一辈传奇古董商仇焱之（Edward T.Chow）、著名古董经纪人埃斯肯纳齐(Giuseppe Eskenazi)、伦敦老行家溥达维（David Priestley），这如同国家主权基金的投资决策必然配备豪华的投资顾问团队的道理。

占据全球主权财富基金总额 1/3 的中东资本是全球最富有的资本之一，中东资本的翘首卡塔尔主权财富基金（简称 ADIA）2024 年宣布计划购入中国规模最大的公募基金公司华夏基金 10% 的股份，这毫无疑问与中东资本意欲加大对中国投资，需要寻找匹配的投资顾问团队有关。ADIA 甄选外部基金管理人，考察四个维度：投资理念（Philosophy）、决策流程（Process）、人才（People）以及业绩表现（Performance）。不仅考察其品牌口碑、投资经历，还会根据基金历史业绩、投资理念、投资风格、投资组合以及投资团队等详细信息，筛选出值得尽调的短名单。即使确定了合作的对象，仍然需要定期考察，依据其擅长的投资领域与风格，按照基金的资产配置结构，配置相应比例的资金。

这套管理人筛选标准与藏家甄选古董商在原理上并无二致，除了古董商的眼力（投资能力）突出，靠谱的古董商还可以成为藏家的"领路人"，影响着收藏的方向与基调，甚至为藏家建立自己的纳藏决策体系。玫茵堂被誉为 20 世纪最伟大的瓷器收藏体系，其阵容华丽，几乎每一件玫茵堂藏器都称得上是百里挑一的精品。这归功于仇焱之为裕利兄弟定下的收藏三大原则："珍奇稀有、品质上乘、品相完美"。

"我首先是一个古董商，然后是一个收藏家……如果你无意与这件作品朝夕相对，那就千万不要收藏它。"安思远将位于曼哈顿第五大道上的公寓布置成艺术品与室内环境巧妙结合，同时实现展示、鉴赏、交易与收藏的艺术空间。安思远把古董收藏融入生活状态之中的收藏哲学也深刻影响着西方对东方艺术的鉴赏与收藏市场的风向。2015 年纽约的春拍，安思远私人收藏中 1400 件藏品，共拍得 1.4 亿美元。除了藏品的鉴赏力与市场嗅觉，能够名载史册的顶级古董商往往还对藏品有着超乎生意本身的热爱与情怀。安思远在香港成立了抢救徽派民居的艺术基金会，捐赠至少 600 万元，帮助修缮了 5 栋徽州古民居。为了表彰其贡献，安思远被授予徽州荣誉市民。

2005 年 7 月伦敦佳士得的拍卖会上，一只元青花鬼谷子下山图大罐，以 1568.8 万英镑（当时约合 2.3 亿元人民币）的高价被拍下，轰动整个收藏界，创下当时中国文物价格的世界纪录。伦敦古董商，世界最大的古董商朱塞佩·埃斯肯纳齐（Giuseppe Eskenazi）的名字被国人熟知。埃斯肯纳齐认为收藏的本真在于热爱，增值是因为热爱而馈赠礼物的。"我觉得一个真正热爱的收藏家，出发点应该是出于热爱、出于留存。"

黑色的灵魂，

在时间的无垠里流淌，

藏着过去与未来梦想。

洗口束颈，线条如诗，

俊朗挺拔，山峙渊渟时。

质朴是你不变的样子，

包容是你坚定的归依。

琵琶弦上永恒的旋律响彻在历史深处，

那古老的弦音，不绝如缕。

咏清康熙乌金釉琵琶尊

# 【洗尽铅华不著妆】

第八篇

一只大清国驻美公使梁诚旧藏

清康熙乌金釉琵琶尊聚散记

藏品名称： 清康熙乌金釉琵琶尊

尺寸： 高度37.5厘米

年代： 清康熙

来源： 1.大清国驻美国公使梁诚及后
人

2.2017年10月2日 嘉德香
港"观古——瓷器珍玩工艺
品" 专场 编号116

展览： "五色祥云——自得堂藏宋
元明清单色釉瓷器"广东省
博物馆 2018年7月28日至8
月28日

出版： 《五色祥云——自得堂藏宋
元明清单色釉瓷器》广东省博物馆事业发展基金会，岭南美术出版社2021年
6月，第198至199页

**冯玮瑜藏瓷精选：**

　　此乌金釉琵琶尊，器型硕大，造型独特，曲线婉转流畅。其一身纯黑乌金釉，色泽拙
朴笃实，内敛而不张扬，沉稳而不浮躁。

　　此尊束颈流畅，弧腹圆润饱满，腹下部更显宽大，高足挺拔，足部微微外撇，稳若泰
山。乌金釉釉质细腻光滑，色黑如漆，光润透亮。

香港凤凰卫视有一个栏目叫《尊前谈笑人依旧》，一个个熟悉而又陌生的历史人物带着他们的故事走进屏幕，让我们重新了解一段段被渐渐遗忘的历史。这是我很喜欢的电视栏目之一。

所谓"尊"者，说文解字，在人们交往中，"尊"是一个敬重别人的称谓；可在古董类别里，它是一种器物类别的名称。

什么叫做"尊"？民国初年许之衡《饮流斋说瓷》曰："腹口相若者谓之尊，口小腹大者谓之瓶"。从形制而言，尊与瓶有许多相似之处。民间区分尊与瓶是通过视其口与足的比例来判定的，口大足小称为尊，口小足大则称为瓶。

尊，在商周时期专门用作酒器，宋代时烧制来专供宫廷作陈设使用，到了明清时期对"尊"的定义就更加宽泛，有些大型、敞口的瓷瓶也称为尊，也作陈设使用。

什么叫做琵琶尊？琵琶尊的器型较为独特，器型似弦乐器琵琶、撇口、束颈、弧腹，腹下部较大，圈足为宽窄不同的二层台式。它不是实用品，而是陈设器，用于厅堂陈设，供人欣赏。皇家陈设所用的琵琶尊，当然是精心烧造，不同凡响。

2017 年 9 月 30 日晚，嘉德香港公司假座香港会展中心举办五周年慈善晚宴，晚宴极为隆重，嘉德高层、社会名流、收藏界的大佬们悉数到场，我也荣忝其中。在宴会上，时任嘉德香港瓷器部总经理林威信先生和嘉德四季瓷杂部总经理刘旸先生不约而同地向我推荐同一件拍品，那就是本次嘉德香港五周年庆典拍卖会里的一只清康熙乌金釉琵琶尊。

刘旸悄悄地对我说："这是本次拍卖里最好的两件拍品之一（另一件是雍正仿龙泉窑水洗，那件后来以 150 万港元落槌），这种器型的乌

▌清康熙乌金釉琵琶尊

金釉非常少见，经手50件琵琶尊都不知道能否碰到1件乌金釉的，非常值得收藏。"

玮 瑜 说 瓷

　　乌金釉：景德镇窑创烧的一种名贵单色釉品种，因釉的原料取自景德镇附近的乌金土（含铁13.4%），故称乌金釉。乌金釉是在福建建窑、河北黑定的基础上发展起来的，福建黑釉建盏和河北黑定是失透的乳浊状，入窑中温烧成，烧结度还不够高，胎釉结合度稍差，釉面不够光亮。而乌金釉属高温釉，釉面光亮，光泽度强，是一种如黑漆般明亮的纯正黑釉。这种釉的黑色与宋元时期单纯以氧化铁为着色剂的黑色有所不同，釉料在氧化铁中混以锰与钴的色调，烧成后使其釉面乌黑光亮。乌金釉始于明成化年间，成熟并兴盛于清康熙、乾隆时期。

　　有他们的推荐在前，我看预展时就特别留意这只乌金釉琵琶尊，只见它器型硕大、造型独特、曲线优美，特别是一身纯黑的乌金釉，拙朴笃实，不嚣不躁，不张不扬。在众多展品里，它没有特别地出彩，可单独把它拿出来摆在面前，立即感觉它如山崎渊渟，有种逼人的气度。

　　这只琵琶尊高达37.5厘米，撇口，束颈，弧腹，腹下部较大，高足，足部外撇，胎质洁白细密，乌金釉釉质细腻，色黑如漆，光润透亮，明净如镜，不愧为黑釉中的佼佼者。此尊器型俊朗挺拔，线条优美流畅。从它的胎质、造型、釉色、残留的描金痕迹等来判断，此尊确是康熙御窑无疑。

玮 瑜 说 瓷

　　高足：陶瓷器足形的一种，在器物底部，形式多样，有实心的，有中空的，无论哪一种，它们的足部比常见的要更高，例如高足碗、高足杯等。

> ### 玮瑜说瓷
>
> 胎质：瓷器是由胎土制坯后再上釉然后入窑烧成。胎质就是未上釉时的瓷坯，由黏土、长石和石英按不同的比例配方制成的，并经过几道工序后才能用于制坯，因而产生了不同的胎质。它能反映瓷器的时代特点，比如麻仓土、高岭土等都是制作胎体的不同胎土。分析胎色、胎质的掺和料也是鉴定陶瓷器烧造时代的方法之一。

在这个浮躁激进的年代，人们追求的多是艳丽的青花和色彩斑斓的彩瓷，朴实无华的纯黑釉瓷器喜欢者并不多。与其他拍品被人们反复调看相比，它静静地伫立一隅，显然没多少人关注，"高大黑"的乌金釉琵琶尊在展场略显寂寞。曲高和寡，世间所然。或许它本身已经阅尽世事，也不在意别人的眼光，沉默是金。

这只琵琶尊品相完美，没有瑕疵。我上手感觉良好。

陪同我上手看此尊的时任嘉德香港瓷器部总经理林威信先生对我说："这是从加拿大回流的，来源非常可靠。"他还告诉我有关此尊的背景。

他说的我知道，图录也有介绍，这只琵琶尊来自清末驻美公使梁诚的旧藏。此次嘉德香港共有 11 件梁诚旧藏清代瓷器以专题上拍，包括刘旸所说最好两件之一的雍正仿龙泉窑水洗，这是嘉德香港向梁诚后人征集的。对晚清这段历史，我比洋人林威信更清楚。

从 1840 年的第一次鸦片战争到 1900 年的八国联军侵华，60 年间，古老的中国遭到西方列强轮番侵略，早已遍体鳞伤、满目疮痍。

1900 年的八国联军侵华，仅仅 1 万多人，就攻破北京，迫得慈禧太后带光绪皇帝仓皇出逃。1901 年 9 月 7 日，清政府被迫与列强签订主权

嘉德瓷器及古董珍品部总经理刘旸与冯玮瑜在自得堂合影

丧失最严重、赔款最多的《辛丑条约》，共赔偿4.5亿两白银，年息4厘，分39年偿付，本息共计9.82亿两之多，条约中的赔款是因庚子年义和团事件而起，因此又叫"庚子赔款"。

1904年的日俄战争，日本和俄国在中国的东北打仗争夺中国的东北权益，中国反倒成了"中立国"，日俄战争在给中国人民带来巨大灾难的同时，也令清政府蒙羞。

这一件件丧权辱国事件，给大清王朝打击实在太大，哪怕是以顽固著称的慈禧太后，也不得不考虑变法图强，清廷被迫采取了一系列改革措施，推行新政。吊诡的是，清末新政的内容，与1898年被残酷镇压的"戊戌变法"大部分是重合的，部分地方的激进程度有过之而无不及，真可谓"早知如此，何必当初"。真可惜了操之过急的"变法维新"，可惜了抛头颅洒热血的"戊戌六君子"，可惜了锐意改革的光绪帝，可惜了流亡海外的康有为、梁启超。

清末新政的内容，就有五大臣出洋，"赴东西洋各国考察一切政治，择善而从"。

为了深入了解西方各国的政治制度，为处于风雨飘摇中的清廷带回救国图强的真经，为实行君主立宪提供行之有效的建议，1905 年 12 月，清廷派遣镇国公载泽等五位大臣分别赴欧美各国和日本考察宪政，史称"五大臣出洋"。

1905 年 12 月 11 日到 1906 年 7 月，五位大臣分别访问了美国、德国、奥匈帝国、日本、英国、法国、俄国等 15 个国家，五大臣参观各国的议会、政府、学校、工厂、银行、商会、邮局、监狱、警察局、博物馆等地方，详细观摩这些机构的运转方式。

西方的所见所闻，对五大臣思想观念的巨大冲击是显而易见的。

回来后，五大臣向清廷提出了变革方略。一是实行立宪法政体，仿照本明治维新模式；二是改革官制。

1906 年 9 月 1 日，在采纳五大臣奏章意见的基础上，清廷发布了《宣示预备立宪先行厘定官制谕》，宣布仿行宪政，揭开了近代中国宪政运动的序幕。1908 年 8 月 27 日，清廷又颁布了中国历史上第一部宪法性文件《钦定宪法大纲》以及《议院法》《议员选举法》等宪法性文件。

在清廷磨磨蹭蹭"改良"的同时，以孙中山为首的一批志士仁人选择革命救国的道路，他们宣传革命理论，发动起义，要推翻清廷的腐朽统治，建立共和制度。

维持清帝统治，释放部分权力，君主立宪是"改良"；推翻清廷，建立共和制度是"革命"。"改良"与"革命"两种不同道路的选择在苦难深重的中华大地上同时赛跑。

1911年5月8日，清廷不顾天下人的反对，出台了被革命党及立宪派讽刺为"皇族内阁"的新内阁，标志着改革派预备立宪努力的失败。

"改良"之路失败了，革命之路狂飙突进。

仅仅五个多月后，1911年10月10日武昌起义的枪声，掀起了"辛亥革命"的暴风骤雨，风起云涌，山回谷应。世界潮流、浩浩荡荡、顺之则昌，逆之则亡，"革命"终于跑赢了"改良"，腐朽的大清王朝终于被革了命。1912年1月1日中华民国在南京正式建立，1912年2月12日清帝颁布退位诏书，大清王朝寿终正寝。中华民国的建立，标志着两千多年的封建社会退出了历史，中国历史掀开了共和的新纪元。

覆灭前夜的大清国已经千疮百孔，风雨飘摇，外有列强欺凌，内有民怨沸腾，社会、政治、经济、文化遇到"三千年未见之大变局"，内外交困，清政府的外交人员要维护国家利益，谈何容易。

梁诚在1903至1908年间，任大清国驻美国公使，并代表清政府出访美洲多个国家。他曾为中国争回部分庚子赔款，并把款项用于教育。据清华大学校史馆资料记载，

梁诚像

梁诚在清华大学的建立中起了很大作用。他还曾协助晚清名臣张之洞从美国手中争回粤汉铁路的筑路权。

梁诚是广州市黄埔村人，12岁时考取清政府的第四批留美幼童团，就读于麻省菲利普斯学院，1881年毕业后回国在总理衙门做事，后随张荫桓公使赴美，任使馆参赞，从此开始了他的外交官生涯。任满回国后，曾先后两次跟随中国特使李鸿章赴英国及美国。1903年至1908年以三品卿衔资格，出使美国、秘鲁、古巴等国。

1908年，中国公使梁诚就庚子赔款问题与美国国务卿海约翰进行沟通。除了国会外，梁诚还争取到美国总统西奥多·罗斯福对退还赔款的支持。经国会参众两院通过后，1908年5月25日美国总统罗斯福签署法案，放弃还没有赔付的款项，并将之前美国所得的一半赔款全部返还给中国，第一次退还庚子赔款10785286美元，作为投入中国的教育事业、派遣留美学生之用。美国要求以退还的庚子赔款来兴办的学校，必须要以最高的标准，来收录最优秀的人才，并且中国要派遣最优秀的学生，到美国留学。

退还的第一笔庚子赔款被用作留美学生和建立留美预备学校（即清华大学的前身）的经费，从1909年至1929年共培养留美学生1289人。（第二次退还庚子赔款为12545437美元，自1917年10月至1940年12月止，用作发展中国文化教育之用。）

1911年10月武昌起义爆发，11月16日袁世凯组阁，1912年1月11日梁诚被召回国，结束了外交官生涯，后到香港定居，1917年病逝。

梁诚外交生涯的芳华岁月，都给了中华这块土地。当时大清国被列强的洋枪洋炮打得不停割地赔款，备受列强欺凌，国与国的交往是讲究实力的，弱国无外交，当时可真难为了那些外交官员，凭借着自己的聪明才智与三寸不烂之舌，无论是礼下于人还是据理力争，所有的捭阖纵横、调和折中，极力维护国家的体面，无不是为了这块古老的中华大地。在梁诚的生命晚秋之际，大清国的龙旗黯然落下。

离任驻美公使的岗位，不管心中是否不舍、不忿、眷恋与失望，他的休戚荣辱始终与中华故土有着密不可分的联系。争回部分庚子赔款用于创办清华大学，争回粤汉铁路的筑路权，光此两宗外交功绩，足以无愧他的外交官的生涯。

清华大学这所让所有中国人景仰的高等学府，它创立的时候，正是苦难深重的旧中国多灾多难的时候，而梁诚对清华大学创校贡献良多，被后人尊崇为"清华之父"。正是由于梁诚的努力，才有利用美国退还庚子赔款的部分资金创办清华大学，后者的彪炳于世，离不开前人的辛劳，饮水不忘挖井人。

作为驻美公使，梁诚的旧藏有部分源自慈禧太后的御赐，但这只康熙乌金釉琵琶尊是否像他的后人所说是慈禧所赐，缺乏资料佐证，一时难以定断，唯一可知的是它由梁氏后人在国外保存达百年之久。

本着对清华大学创办者之一的尊崇，本着对百年前广州同乡先辈的敬意，本着对一段历史证物的追寻，拍卖时我举牌拿下了这只康熙乌金釉琵琶尊。

历经八国联军入侵、清朝覆亡、军阀割据、走私偷盗……当年皇宫的御用器物，散失不少，有的被侵略者劫掠出洋，有的被皇帝以"赏赐"名义偷运出宫，有的被太监趁机盗卖，有的被不甘心失败的皇族变卖用于复辟帝制，也有落难的皇族典卖祖产来养家活口……星流云散，其中有不少御用器物流失到国外。而这只琵琶尊并非八国联军的劫掠品或文物贩子的走私品，它是大清国驻美外交公使留下的旧物，据梁诚后人称其来源为当年慈禧太后赏赐之物，惟缺乏相关资料证明，今已无考。

百年的岁月沧桑，欧风美雨，它身上曾经金碧辉煌的描金纹饰已全部剥落，幸好器物完整，无伤无磕，这也是极为难得了。它被滞留在国外一百多年，时移势易，东风压倒西风，琵琶尊终于叶落归根，回归中土。

乌金釉是较为少见的品种，乌金釉直接作为单纯的釉色较为少见，它一般是作为地色使用，然后再在地色的釉面上以其他釉料描绘图案作饰纹。乌金釉瓷器在拍卖场上并不多见，我自己亲自上手过的只有两件，除了本例外，另一例为2016年佳士得纽约秋拍"美藏于斯——大都会艺术博物馆珍藏中国瓷器"编号为921的清雍正乌金釉杯，拍出了28.1万美元。那只乌金釉杯在香港巡展时我曾上手仔细观察，其杯身釉面原也有描金纹饰，后来在流传使用中描金脱落殆尽，只剩下通体乌黑的乌金釉，故在图录及拍品说明里，就不提曾经有过的描金，直接定义为"乌金釉"了，与这只琵琶尊如出一辙。

**玮瑜说瓷**

地色：以某一种釉色作为瓷器的底色，叫地色。彩绘瓷器一般是在地色上面绘画图案，以白色为地色较多，也有以其他釉色为地色，特殊的也有先烧出纹饰，再填涂上地色而成，例如黄地青花瓷器，就是先烧出青花图案，再把空白地方填绘上黄釉，再次入窑烧成。

为什么器物完好而描金纹饰会脱落掉呢？因为金釉是低温釉，在光滑的釉面上附着力不强，容易掉色，当过多地用手触摸或用抹布清洁时也会失掉金彩的光泽，所以流传到现在的描金瓷器，金彩往往会有脱落现象。前些年海外曾拍卖过一件乾隆粉彩带描金的立件重器，粉彩釉色艳丽而描金却脱落殆尽，图录说明因为洋人把该器物作陈设器，而搞清洁的女佣每每用干布擦拭器物，导致描金尽脱。

> **玮瑜说瓷**
>
> 高温釉／低温釉：高温釉与低温釉的区别在于高温釉的烧成温度为1250~1400℃，而低温釉的烧成温度只有700~1100℃，中温釉的烧成温度是1100~1250℃。高温釉的特点是表面坚硬，颜色深沉，化学稳定性好，胎釉结合牢固，无铅毒；低温釉的特点是釉面光泽强，表面平整光滑，釉层清澈透明，但硬度较低，化学稳定性差，胎釉结合不甚牢固。

瓷器上的金彩釉是特别容易脱落的釉彩，连手摸过多也会逐渐脱落，收藏瓷器的人都会特别注意。而此件康熙旧物，至今已经三百多年，金彩虽已脱落殆尽，但其本身的地色通体黑黝如乌，自成一色，另有一番素雅韵味。

康熙常见的黑地素三彩凤尾瓶的黑釉地色跟这只琵琶尊的乌金釉不可同日而语，这只琵琶尊乌金釉釉面泛着油光，特别的滋润，有莹亮的光泽。

"中国古董教父"安思远在纽约第五大道的豪宅里，也陈设着一件同样的乌金釉琵琶尊，安思远先生的收藏与艺术审美肯定是顶级的，也是我们一般人不能企及的，他的藏品那么多，而偏偏选择这种乌金釉琵琶尊陈设在豪宅的当眼处，可见这种乌金釉琵琶尊的不凡之处。

2017年我在景德镇举办"黄承天德——明清御窑黄釉瓷器珍品展"，

▌ 安思远寓所一角,台面陈设同样的乌金釉琵琶尊

刘旸总经理专门赶来景德镇捧场参加开幕式,他是提前一晚到达,风尘仆仆,刚入住酒店,马上打电话来问有什么要帮忙的,真是好哥们!我告诉他:"展览已一切就绪,请你过来好好聊聊。"

良朋相聚,彼此间虽只是一杯淡茶,却有说不尽的话题,聊着聊着又谈到了十多天前这场嘉德香港拍卖,我告诉他:"您大力推荐的那只乌金釉琵琶尊了,我拍下了。"刘总大为高兴,然后告诉我说:"苏富比的前任瓷器部主管谢启亮先生专门过来看嘉德预展,只上手看了一件东西,就是这只乌金釉,其他的东西一件都没看。我问他为什么独独留意这件,他反问道：'你做了拍卖这么多年，有见过乌金釉的琵琶尊吗？'我愣了一下，仔细回想一下，从业这么多年来真的没见过第二件，他就微微一笑：'这就是原因了，这是稀罕之物。'这只乌金釉琵琶尊，真的很少见。你的眼光和选择绝对正确，真要恭喜你。"

现在人们的审美眼光对乌金釉可能认识还不够深，以为黑乎乎的有什么好看。大音希声，大象无形，只要你沉下心来，仔细欣赏，黑色有其独特之处。黑色深邃至极，充满着未知的神秘，静穆却又暗藏着玄妙力量。从科学的角度，黑色是将光线全部吸收而没有任何反射，包容了一切，实际上容纳了各种颜色，有容乃大。

秦汉尚黑，元人尚白，黑色曾是汉人最早崇尚的颜色，黑色代表着高雅、庄严、稳重，是一个很强大的色彩。

从风水传说的角度来说，黑代表水，"以水为财"，黑色也是旺财的颜色，财神赵公明也是黑脸的，骑的也是黑虎。

《辞海》上说，财神，"相传姓赵名公明，秦时得道于终南山，道教尊为'正一玄坛元帅'。传说能驱雷役电，除瘟禳灾，主持公道。其像黑面浓须，头戴铁冠，手执铁鞭，坐骑黑虎。故又称'黑虎玄坛'。"

《中国大百科全书·宗教》上说："俗祀财神为赵公明，亦称赵公元帅，赵玄坛。相传为终南山人，秦时避乱，隐居终南山。精修得道，能驱雷役电，除瘟剪疟，去病禳灾，买卖求财，使之宜利。神像头戴铁冠，一手举铁鞭，一手持翘宝，黑面浓须，身跨黑虎，全副戎装。"

至今堪舆学仍把黑色作为旺财的颜色之一。

由吕成龙老师写序的拙作《你所不知道的中国收藏》发行量相当不错，吕老师告诉我，他的一些朋友看了此书，除了对书本内容称赞不已外，对吕老师所撰写的序言也大加赞赏，吕老师提起此事还笑眯眯的。拙作没有辱没吕老师，我也很高兴。吕老师还说："这种藏家把自己的收藏故事写出来，在我所知道的里，这是绝无仅有的，更别说是女性藏家以自己的角度来写了，你应该继续写下去。"有吕老师的鼓励，我才不好意思地说："'冯玮瑜亲历收藏系列'的第二册《藏富密码》的初稿已完成了，还想烦请吕老师像上一本一样，继续帮忙修改校对一

▌ 吕成龙和冯玮瑜在黄承天德展览开幕式上合照

遍。"吕老师一口应承下来。有吕老师的承诺，我就更放心了，吕老师的专业学识自然无可挑剔，难得的是他对汉语文字、词句非常敏感、了解得非常透彻，对每一个符号都非常认真细致。吕老师说他的文章故宫出版社都不需编辑再去校对了。

吕老师在"黄承天德"展览的开幕式讲话后，亲自开列了一个单色釉收藏品类的名单给我，嘱咐我按名单上的种类来收藏，其中康熙部分就写了：郎窑红、豇豆红、孔雀绿、洒蓝（带描金）、乌金釉。我一看，乐了：

郎窑红——我有了；

豇豆红——我有了；

孔雀绿——我有了；

洒蓝（带描金）——我有了；

乌金釉——我也有了。

特别是乌金釉，是刚收藏的，我高兴地对吕老师说："上面所列的我全有了，十多天前刚从嘉德香港秋拍竞得一只乌金釉琵琶尊。真巧！"

吕老师马上追问："整器都是乌金釉吗？"

看到吕老师严肃的表情，想到尊上原有描金的，莫非我说得不对？不能称"乌金釉"？我如实作答："不是的，原来有描金的，但现在金釉都掉光了，只剩乌金釉。"

吕老师听后眉头马上舒展开来，面露笑容说："这就对了，故宫里的康熙乌金釉，原来都是有描金的，后来金釉都掉了，现在都统称'乌金釉'瓷器。"

原来如此！原来吕老师也会唬人的，刚才被他严肃的表情吓着了。

原来故宫旧藏也是这样子的，与 2016 年在佳士得上拍的美国纽约大都会艺术博物馆旧藏那只雍正乌金釉杯一样，同是金釉掉光了的。

吕老师又问："是完整器吗？有没有修补？"

"完整器，没修补。"我把手机上拍下的照片给吕老师看。

吕老师说："乌金釉不多见，特别是你这件是立件大器，好好收藏。"

是的，吕老师提醒得很对，这些年随着藏品的不停入藏，在精品意识上我还要选择有特色、有故事、有来源的品种，追寻非一般的御窑佳器。

在乌黑乌亮的釉面上饰以金光灿灿的纹饰，以黑衬金，色彩浓烈，幽深却又耀目。此尊虽然金彩全部剥落，但倾斜迎着光线，依稀可见金釉脱落后留下若有若无的、浅浅的纹饰痕迹，仔细观之纹样复杂，画满器身。虽不见当日盛容，其富丽堂皇可想而知，这样的品种必定是极为高级的御

▎故宫博物院研究员冯小琦、深圳考古研究所所长任志录等专家在鉴定冯玮瑜收藏的部分乌金
釉瓷器

窑品种，不是普通的官窑可比拟的。

三国的曹植在《洛神赋》中有"芳泽不加，铅华弗御"。

清代戏剧家洪昇《长生殿·倖恩》："虽居富贵，不爱铅华。"

描金有描金的富贵堂皇，不描金的有不描金的素雅之姿，此尊可谓曾经富贵，洗净铅华，归来无恙。

洗尽铅华不著妆，一般真色自生香。

黑釉不事华丽而含蓄醇厚，自然质朴，充满自然之美，表现出坚韧和容忍，这是传统儒家思想在瓷器中的表现。

艺术的极致是返璞归真，黑色也是宇宙的底色，是世间一切万物的归宿。琵琶尊金釉脱尽，乌黑莹亮，素雅拙朴，和光同尘。

尊前谈笑人如旧，花开花落几度秋。

又记：2023 年是中国嘉德拍卖成立三十周年，嘉德对于三十周年庆典拍卖特别重视，早早在这年的春天就为庆典征集筹备特别的拍卖专场。蒙中国嘉德青眼有加，邀请我提供拍品组成一个单独的"自得堂专场"在三十周年庆典夜场上拍。

能参与中国嘉德三十周年庆典活动，共襄盛事，深感与有荣焉。十五年前我首次在中国嘉德入藏艺术品，那是我收藏道路上更上一层楼的起点。嘉德走过了三十年，我也与嘉德结缘十五年了。嘉德三十周年是值得留下纪念的日子，无论是释出还是入藏，彼此都是互相成就。想我本一女娇娥，能在嘉德三十周年庆典之际，将中国古陶瓷之美分享给同好，甚为荣光。我欣然应邀，专门撷取了十五件康雍乾单色釉瓷器组成"大道至简——自得堂藏康雍乾单色釉瓷器"专场，十五件拍品，十五种器型，十五种釉色，代表我与嘉德结缘的十五载春秋。

▌ 刘旸（左）、佳趣雅集理事张志（右）与冯玮瑜在"大道至简——自得堂藏康雍乾单色釉瓷器"专场展厅合影

对于三十周年庆典拍卖，嘉德公司对于专场拍品的质素，当然是有更高的要求。嘉德拍卖公司瓷器部总经理刘旸亲自上门挑选拍品，对于十五件器物十五种釉色，刘旸总点名指定要这只乌金釉琵琶尊来代表黑釉色，并对这只乌金釉琵琶尊甚为赞赏，毕竟他当年就向我推荐过，知晓这只乌金釉琵琶尊身上的故事。

顾念到嘉德多年对我的帮助以及与刘旸多年的情谊，况且梁诚旧藏的御瓷我还有，所以这只康熙乌金釉琵琶尊就出现在嘉德三十周年庆典的"大道至简——自得堂藏康雍乾单色釉瓷器"专场里。

在预展期间，曾经担任苏富比艺术学院中国首席代表的著名中国古陶瓷鉴赏家梁晓新老师对这只乌金釉琵琶尊赞叹不已，他说："琵琶尊是康熙朝典型的造型，但尺寸这么大，并不多见。特别是它的传承非常重要。这只琵琶尊釉色独特、造型独特、出处显赫，甚为难得。"

▎梁晓新录制短视频评说乌金釉琵琶尊

拍卖前几天，人称"九哥"的著名古董大行家韦九谷先生专门打来电话，说他目前正在英国，赶不及回北京看预展了，不过对于我的专场拍品，他极有信心，即使人赶不及回京，到时一定会买一件拍品，以作支持。

想到九哥当初与我萍水相逢就拍下一幅画送给我（见"冯玮瑜亲历收藏"系列之《时间的玫瑰》第五章），今日我的首次专场拍卖，

韦九谷先生和冯玮瑜合影

他不远万里都要捧场支持一件，这份情义，光风霁月，让人心里暖暖的。

一诺千金，果然，在拍卖结束后的当晚，九哥给我来电，告诉我买下了这只乌金釉琵琶尊——果然是大行家，九哥的眼光真是一流的。

这也是我自收藏以来，首次以专场拍卖方式释出藏品，心中不免五味杂陈。想这只乌金釉琵琶尊，当初一见倾心，有幸结缘相聚，耳鬓厮磨。一转身，光阴就成了故事；一回眸，岁月成了烟尘。此一别，山高水远；此一去，从此萧郎是路人，此时此刻，别时容易见时难……

不过，知道这只乌金釉琵琶尊落在九哥处，他是懂瓷之人，想来不会埋没了它。看到它结缘一个识货的好主人，甚怀安慰。

一缕灯光打在乌金釉琵琶尊的身上，温暖留在我的心里。明月长向别时圆，在 2023 年的春天，我们珍重告别，不负彼此的一段缘。相信你会有更高远的前程，会延续下一段更美妙的传奇。

玮 / 瑜 / 说

## 收藏与理财

# 稀缺，明星资产的首要特征

能引领市场风向的明星资产一定是稀缺的。

股票市场无论是道琼斯工业指数，还是沪深 300 指数，长期拉动这些指数上涨的重要动力都是稀缺类资产。这些资产或具备垄断科技优势，或具备深入人心的消费品牌，或拥有垄断经营牌照……稀缺性使得这些企业在实体经营中不断获取高额利润，其对应的股票资产也在信用货币不断膨胀的经济模式下，克服通胀，估值屡创新高。

2024 年全球科技领域的焦点转向人工智能基础模型赛道，中国创新科技企业深度求索（DeepSeek）凭借其自主研发的 MoE（混合专家）架构大模型，以千亿级参数和超低推理成本迅速占领市场。其技术壁垒与商业化效率引发资本狂热，估值在半年内突破千亿美元，成为亚洲最快跻身"独角兽之王"的科技公司。DeepSeek 的稀缺性源于其对垂直领域数据的垄断性挖掘能力及算法迭代速度，其产品被多家全球500 强企业纳入核心供应链，形成难以复制的生态护城河。

稀缺，代表着两种不同的含义：一个是稀有的，另一个是紧缺的。稀有是资产本身独特而不可复制，不可替代，优质的稀缺资产还应包含市场认可，变现能力强，资产收益率高。

DeepSeek 的崛起印证了技术稀缺性的双重逻辑：一方面，其模型架构的专利集群构筑了极高的行业准入门槛；另一方面，在全球算力资源紧缺背景下，其能效比领先同类产品 30% 以上，直接推动客户成本下降 50%，供需失衡催生估值爆发式增长。这种技术驱动型稀缺资产，正重新定义科技股的长期价值锚点，甚至被分析师类比为"AI 时代的特斯拉"。

多年来在各大拍卖会接触的顶尖藏品不胜其数，一条金律始终不变，精品佳器不仅艺术造诣登峰造极，还要有特色、有故事、有来源，并获得市场的逐步认可和追捧，才称得上稀缺。从投资理财的角度选择藏品，要考虑藏品日后的流通变现，对类别、品相以及时代审美观的改变也要考虑在内，这要花费时间和精力。如同武侠世界里盖世武功高手都要通过年复一年的勤学苦练，墨客文人想要以诗词书法名扬天下，每天刻苦训练，无论寒暑，日夜不辍。在过往十几年的收藏历程中，我参加过的拍卖会上过手的藏品不计其数，结缘了纽约大都会艺术博物馆、芝加哥艺术博物馆、玫茵堂、琵金顿、山中商会、茧山龙泉堂、敏求精舍、大仁堂、马钱特、埃斯卡纳齐、蓝捷理、明成馆、望星楼等全球知名收藏机构的旧藏，与拍卖、收藏圈的名家、专家、行家不断切磋求教，对每一件藏品的前世今生仔细钻研，这样才能成为某一类别艺术品的真正专家。

有一种稀缺是需要警惕的，它是单纯靠市场炒作和一时风潮引起价格暴涨现象。

2023 年底"金融茶"的爆仓让许多茶商损失惨重，茶价一夜从 5 万跌到 2000，500 多名茶商损失几亿元，"售价 5 万元 / 提的茶叶，商家只愿意 8000 元回购"。号称是"2023 最热焦点品牌""30% 的市场增长比"的热销茶在一个多月时间吸引数百投资人加盟经销商。但等公司大量出货后，产品市场价格一落千丈，众多经销商这才意识到这原来是一场骗局。"金融茶"的基本逻辑是寻找稀缺性资源，或不容易批量生产类型的产品，经过加工赋予其新的特性，然后鼓吹市场前景以及其稀缺性，拉升产品价值，通过造势、捂盘限量投入市场，拉长战线，拉升价值感，分阶段进行品相叠加，最后高位抛盘，提现走人，制造或寻找下一个风口锚点。这样的例子，在收藏市场屡见不鲜，人为炒作制造天价成交噱头的藏品，与"金融茶"又有何区别呢？

## / 玮瑜咏诗

青如橄榄形如菊，

十五片菊瓣，片片含情目，

鱼跃成龙，盘里一场欢梦逐。

刀刻之痕，是心事的笔触。

釉色深浅如歌起伏，

休教岁月促。

秋花照水宋人韵，

幽远，

物静，

人淡，

是我是菊？

咏北宋耀州窑鱼化龙纹菊瓣盘

## 第九篇

【且喜一丛秋色好】

一只日本壶中居旧藏
北宋耀州窑鱼化龙纹菊瓣盘
入藏记

藏品名称： 耀州窑鱼化龙纹菊瓣盘

年代： 宋代

尺寸： 口径15.3 厘米

来源： 1.壶中居，东京

2.香港私人收藏

3.2020年10月8日 中国嘉德香港观古——瓷器 第266号

**冯玮瑜藏瓷精选：**

　　此盘刻工精湛，堪称一绝。刀法流畅潇洒，刀锋犀利如剑，每一刀都显得利落而自然，深浅有致，恰到好处。水波纹细腻入微，仿佛微风拂过水面，泛起层层涟漪；纹饰变化多端，既有鱼跃龙门的壮丽，又有小鱼欢腾的灵动，古朴而不失清秀。

世人大多知道宋代有五大名窑，分别是汝窑、官窑、哥窑、定窑和钧窑。

"五大名窑"是怎么来的？

最早提出"五大名窑"概念的是在明宣德三年（1428），吕震编写的《宣德鼎彝谱》记载："内府收藏柴、汝、官、哥、钧、定名窑器皿，款式典雅者，写图进呈……"那时五大名窑是柴、汝、官、哥、钧，排首位的是柴窑。

现在多用来形容汝窑釉色之美的"雨过青天云破处，这般颜色做将来"，其实最初不是用来形容汝窑的，而是五代十国时后周世宗皇帝柴荣的一句御批，也是他对柴窑烧造釉色的要求。

明代晚期谢肇淛在其著作《五杂俎》卷十二"陶器"中说："陶器，柴窑最古，今人得其碎片亦与金翠同价矣。盖色既鲜碧，而质复莹薄，可

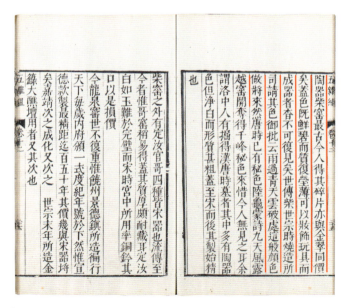

明代 谢肇淛著《五杂俎》卷十二 论柴窑

205

以装饰玩具，而成器者杳不可复见矣。世传柴世宗时烧造，所司请其色，御批云：雨过青天云破处，这般颜色做将来。" 这是现在能找到的所有历史文献中，最早出现这两句御批的。

原来柴世宗的臣子、殿前都检点赵匡胤在柴荣病逝后发动陈桥兵变建立大宋王朝后，提倡勤俭节约，反对铺张浪费。有一次，他亲自检查大内府库，发现从后蜀主孟昶宫中运回的各种器具，极其奢侈华丽，连一个小小的小便器都用七宝装饰，不禁感慨万千，对臣下叹道："为人主者，糜烂如此，焉能不国亡家破？我大宋当以此为戒！"当即下令，将那些价值连城的器具搬到院中，全部砸毁。

传说有一次赵匡胤前往嵩山中岳庙进香，返回时顺路视察柴荣所建的官窑。当天晚上，他见到十里窑场，窑火映照通明，烟雾缭绕，人来人往，热闹非凡。赵匡胤回到汴京之后，传下圣旨，命令关停耗资巨大的官窑（柴窑），遣散工匠，柴窑从此绝烧。那些身怀绝技的工匠被遣散，有一部分流落到了禹州神垕，继续烧造瓷器，后来成为五大名窑之一的钧窑。

以上只是有关柴窑的一段传说，不过自从大宋朝建立后，柴窑就从历史中消失了，留给后人的都是传说。

关于柴窑，五代、宋、元的文献中并无记载，直到明代才提及。明初洪武年间的曹昭《格古要论》中云："柴窑出北地，世传柴世宗时烧者，故谓之柴窑。天青色滋润，细媚有细纹，多足黄土，近世少见。"

文征明的曾孙、晚明著名文学家文震亨在《长物志》中说："柴窑最贵，世不一见，闻其制，青如天，明如镜，薄如纸，声如磬。"这说明即使是在明代晚期，柴窑都是很难见到一件，足见柴窑的稀有程度。

由明代开始，论窑器者，一定会提到"柴汝官哥定"这几个窑。柴窑

明 曹昭《格古要论》

在明代已一器难求,明清时有资料记载有人见过或收藏过柴窑瓷器或瓷片,却没有一件流传到现在。历史上名气那么大的柴窑,既见不到实物,又找不到窑址,众说纷纭。

台北故宫博物院藏有一只被乾隆鉴定为"柴窑"的天蓝釉长方枕,乾隆还题了御题诗《咏柴窑枕》在上面:"遵生称未见,安卧此何来?大辂椎轮溯,青天明镜开。荐床犹蟹爪,借席是龙材。古望兴遐想,宵衣得好陪。坚贞成秘赏,苦窳漫嫌猜,越器乆蒙咏,方斯倍久哉。"

热衷于在传世的名家书画上留下题跋和押玺印的乾隆,也煞费苦心地将自己的御题诗镌刻在这只他认为是"柴窑"的瓷枕上。可是,据台北故宫博物院的鉴定,这是元代钧窑,并非柴窑。

乾隆的鉴定水平不时闹出笑话,就像那张著名的黄公望《富春山居图》,乾隆也把早入宫的明末临摹本(子明卷)断为真品,把晚一年入宫

▌台北故宫博物院藏 元钧窑天蓝釉长方枕（曾被乾隆误认为柴窑）

的《无用师卷》鉴定为赝品。这种把真的鉴定为假、把假的鉴定为真的事，乾隆干过不止一次。

柴窑已经消失很久了，到了今天，没有一件传世品可以确认为柴窑，或者说真正的柴窑似乎谁也没见过，因此有人都怀疑历史文献所描述的柴窑是否只是周世宗柴荣对瓷器的一种要求，而不是"已成之器"。柴窑是否真正存在过？世界上到底有没有柴窑？如果有的话，它又在哪里呢？怎么会消失得这么无影无踪呢？

20世纪80年代后期，在陕西省铜川市黄堡镇耀州窑遗址发现了五代的地层，其中出土的五代遗物有一种精美的天青釉瓷器标本，还发现有"官"字款和龙凤纹饰的瓷器标本，质量极佳。因此有学者认为柴窑指的就是五代末期的耀州窑，依据是针对《格古要论》中记载的重新断句，"柴窑出北地……"即文献所说的柴窑窑址在北地郡，铜川在唐朝时曾属于北地郡，铜川黄堡镇也就是耀州窑遗址所在地。

近年来，越来越多的专家学者认同耀州窑就是柴窑产地，这虽然有一定的道理，但因为没有像西安法门寺塔唐代地宫中出土的秘色瓷那样有一同被发现的《监送真身使随真身供养道具及金银宝器衣物帐》碑中明确记载"瓷秘色椀（碗）七口，内二口银棱；瓷秘色盘子、叠（碟）子共六枚"的铁证，所以耀州窑是否真的是使窑，还有待寻找更有力的证据。

▌法门寺出土《监送真身使随真身供养道具及金银宝器衣物帐》碑上有证明一同出土的秘色瓷的文字

玮瑜说瓷

　　秘色瓷：晚唐五代时期浙江越窑青瓷中的极品，上贡给帝王宫廷使用。关于秘色瓷，历史上一直众说纷纭，直到1987年陕西扶风法门寺宝塔地宫出土一批稀世之宝，同时还出土了记录所有器物的物帐碑，物帐碑上"瓷秘色"三个字，让人们明明白白地知道了出土的14件越窑青瓷就是传说千年的"秘色瓷"，这个困扰人们千年的历史迷雾才得以澄清。

柴窑目前还是一个谜，我们只要不拘泥于古人对柴窑的某些不恰当的溢美之词，从五代时期陶瓷生产的客观状况出发，经过踏踏实实的考古工作，以史证物，以物证史，假以时日，柴窑的情况终会水落石出的。

柴窑身上有太多溢美之词，给人以极大的想象空间。既然现在有学者提出柴窑就是耀州窑，耀州窑虽然不入宋代五大名窑，但也是宋代名窑，它像龙泉窑一样，也具有自己的特色。看专家学者们争论得热闹，我就想起了为耀州窑考古研究做出重大贡献的一位前辈。

她是全国首届田野考古奖获得者，她是建国 50 年陕西十大杰出女性之一，她是陕西省考古研究院研究员、耀州窑博物馆名誉馆长、耀州窑研究会名誉会长，她是享受国务院颁发政府特殊津贴的专家。

她就是在 1985 年率先提出"柴窑就是耀州窑"的禚振西老师。

"耀州窑在五代首创天青釉色，"她说，"五代时期黄堡耀州窑青瓷精品，很有可能就是柴窑。"

她认为："耀州窑是五代中央朝廷管辖范围内唯一的青瓷窑厂，晚唐时期耀州窑青瓷位居全国第二，代表登峰造极的至高标准。天青釉静雅的颜色、温润如玉的质感与北宋天子所倡导的美学意识非常接近。"

禚振西老师是泰斗级的古陶瓷专家，在中国文博界，提起耀州窑，人们总会想起禚振西老师。

禚老师 1961 年毕业于西北大学历史系考古专业，同年到陕西省考古研究所（现更名为陕西省考古研究院）从事考古与文物研究。1976 年，禚振西老师以陕西编写组组长的身份，参加了由国家文化部、轻工业部、建材部联合组织的中国第一本陶瓷史——《中国陶瓷史》的编写。

她先后参与出版了《唐代黄堡窑址》《五代黄堡窑址》《宋代耀州窑址》等数十本系列大型考古报告。

从 1973 年起，禚老师开始介入并主持耀州窑的考古发掘，在近五十年对耀州窑的研究探索与考古工作中，禚振西的名字已经与耀州窑紧紧地联系在一起。

她将五代时期的耀州窑单独提列出来，并把宋代的耀州窑也分成了几个时期，把金代从金元时期分离出来，使耀州窑的历史发展脉络得以清晰地展示在世人面前，在世界古陶瓷研究领域产生了巨大而深远的影响。

1997 年禚老师获英国东方陶瓷学会"希尔金奖"（Hill Golde Medal），此奖是为了表彰在东方古陶瓷研究领域做出卓越贡献的学者。禚老师是第八位获此奖的专家，也是首位获奖的华人学者，比故宫的耿宝昌老师获得此奖还要早。

2021 年 9 月 30 日，中共铜川市委发布《关于开展向禚振西同志学习活动的决定》，由市级党委表彰并树立为社会大众学习榜样，这是文博界专家极少获得的荣誉，从这可以看到禚老师的德高望重。

已经 80 多岁的禚老师身材瘦小、身板硬朗、步履稳健、思维敏捷、精神矍铄、谈笑风生、抽烟、喝酒、大嗓门，声音还有点沙哑，举止行为，似是汉子男儿，可见田野考古是多么的锻炼人。考古工作不是光在恒温室里做研究，也有在风吹雨打的荒郊野岭与古遗址、古墓为伴的时刻，日晒雨淋，其中的艰辛，可想而知。

我有幸时常与考古文博界德高望重的老师们在一起，在向他们学习之余，发现他们其实并不是一脸古板的老学究，而是鲜活的、有个性的，他们对考古文博工作是乐在其中。有时候听他们围坐聊天，感觉挺有意思的。

有一次在聚会上，北京大学考古文博学院的秦大树教授、故宫博物院器物部主任吕成龙老师等先生们一起吃饭，秦大树老师首先侃了一个故事：

有一次，我们在郊外考古发掘一个项目，已经挖了一段时间了，一切平静。后来有一天，外国的一位女专家苏玫瑰（Rosemary E. Scott）来了中国，听说我在考古发掘，就赶来现场，也一起参加发掘。女专家一头金发，到来一下子轰动了，附近几条村的村民扶老携幼都赶来发掘现场围观，吓得我们马上加派人手做现场保护。那种热闹劲，三天都还没过去。

我就问村民："你们来看啥？"

"我们来看洋妞啊。"村民乐呵呵地回答。

"这有啥好看的？"

"好看得很哩，原来洋妞的腰还挺小的！"村民咧着嘴笑着说，好像也找到一个大发现。

满座喷饭，我们都被秦老师逗得开怀大笑。

秦老师讲完，禚老师接着又讲了一个故事：

那年我们做一个项目保护，可博物馆缺经费，馆长怎么也弄不下来，上面不批。气得我直奔省长办公室，跟省长拍了桌子。

"你能进去吗？"我不知脑子怎么一抽，突然插问一句。

"我能。"禚老师气定神闲笑着对我说。

坐在我旁边的故宫博物院吕成龙老师连忙向我解释说："禚老师是省里有名的大专家，也是省里的顾问，她当然可以直接去找省长。"

"结果呢？"

"批了！"禚老师意犹未尽，"不骂人，不拍桌子还拿不到！"嗓门扯得老高，说得豪气干云。

众人又是一阵大笑，纷纷夸赞禚老师敢跟省长拍桌子，真够胆色！不愧是女中豪杰！

北京大学考古文博学院教授秦大树和冯玮瑜在自得堂藏品展开幕式合影

冯玮瑜陪同禚振西老师一起观看自得堂藏品展

我笑着问禚老师："省长批了多少钱？"

"20万！"禚老师自豪地说。

"才20万？"我大吃一惊，"为什么不多要一些呢？"

看见我吃惊的模样，禚老师舒坦地笑着说："20万也够可以了。"

看着禚老师花白的头发，满皱的脸庞，满足的神情，我心中有万分感慨：跟省长拍了桌子，才要来20万的经费，这些老专家、老学者真是太本分、太老实了。

语音高低声入耳，谈笑从容自生风。听师长们笑谈文博逸事，既风趣又莞然。

禚老师跟我说过："在中国的陶瓷发展史上，耀州窑占有极为重要的历史地位。耀州窑是中国古代的历史名窑，耀州瓷是中国北方青瓷的代表，首先创烧了'雨过云破'的天青釉瓷。因窑址地处黄土高原，保存很好，不仅作坊、窑炉、瓷片、窑具、作坊工具保存很好，而且包括生烧器，甚或制成后尚未烧造的坯件，都得以保存。这在其他窑址中是极为少见的。你收藏的明清黄釉御瓷已成系列了，收得很好，很成功。建议你以后有机会要收一些耀州窑的瓷器。"

耀州窑是宋代名窑之一，我当然知道的，在拍卖场上也常见到，但我目前收藏重点是明清官窑系列，对行内俗称老窑的宋元瓷器，只是选着挑着入藏，耀州窑瓷器暂时还没入藏过。

我时常记得禚老师的话，就起了心思要入藏几件耀州窑瓷器，因为我目前还没有将耀州窑瓷器做系列收藏，所以要入藏就得收有来源、釉色好，又不是常见的品类。这几年一直在默默留意着。

为什么要有来源呢？有来源就是有传承的，可以最大限度地防止错收了赝品。

为什么要釉色好？釉色好就是明显有耀州窑特有的橄榄绿色釉，不用多说话，一眼看去就知道是耀州窑的。

为什么要不常见的品类？就是除了碗、盘这些常见的品种外，其他有特殊造型的瓷器，是较稀罕的，物以稀为贵。

符合以上三个条件，才达到我的要求，因为不是主要收藏系列，所以要"少而精"。

对目前还不是自己主要收藏系列里必须要有的品种，我向来不急，耐心等候机会。人结人缘，物结物缘，总会在最恰当的时候，双方遇上。

2020 年 10 月 5 日至 10 日，因新冠疫情一再延期的嘉德香港拍卖终于在香港会展中心举行。

嘉德香港 2020 秋拍展厅现场

在布展的最后一天下午，未等开幕，我迫不及待就到了现场。因为还未开展，工作人员还在忙碌着，保安在展厅门口挡着一切闲杂人等进入，我打电话给嘉德香港的陈益峰总经理，他马上给我送来一个"VIP嘉宾证"，让我可以在展厅里畅行无阻，自由观赏，由"亚洲二十世纪及当代艺术""中国书画四海集珍""易居书屋珍藏玉器""玉器金石文房艺术"到"观古——瓷器"，一个一个专场仔仔细细看个够。由于还没开展，展厅里没有其他人的打扰，看得舒心尽兴。

我刚转到瓷器展馆门口，嘉德香港瓷器工艺部专家孙维诗小姐眼尖，一看见我就出来迎接，陪着我一起看瓷器预展。别看维诗年纪轻轻，她的资格可不轻，她留学英国，就读伦敦大学亚非学院艺术史和考古专业，毕业后又在英国著名的老牌古董商马钱特公司工作，是嘉德香港把她从伦敦挖回香港，工作干得有声有色，是瓷器部的年轻专家。

我留意到编号266的一个宋代耀州窑菊瓣盘，这是耀州窑里不多见的器型。据我这些年在拍场所见，宋代菊瓣盘传世所见不多，我见过有定窑的，耀州窑的在2016年4月5日香港佳士得"古今"专场也见过一只，不过釉色跟这只相比差太远了，盘心的纹饰也不一样。

我请维诗拿出这只耀州窑菊瓣盘来仔细观赏。

只见该盘造型花口斜壁，口沿等分为15片菊瓣，每片菊瓣内都有意识地刀刻两道刻痕，用刀行云流水，让其更酷似菊花盛放时那弯曲菊瓣，而刻痕积釉带来釉色深浅变化，使每片菊瓣舒卷有度，更具有立体感。

耀州窑以石灰釉作釉料，黏度高，容易在刻划凹处积存。宋代陶匠刻花时常使用斜锋落刀，因此花纹一边为斜口，一边则为直口。又由于青釉在凹凸处堆积深浅不一，形成恰似双色的效果并使得纹饰更加

中国嘉德香港瓷器工艺部高级业务经理孙维诗与冯玮瑜合影

突出。

　　该盘盘心平坦，内刻鱼化龙图案，只见水波荡漾，一群小鱼围绕着中间一条大鱼欢腾，中间那条大鱼，正开始蜕变龙形，两条龙须已经出现，这是即将蜕化成龙之神鱼，那一圈的欢腾小鱼似正为将蜕化成龙的大鱼而跳跃欢歌。该盘刻工流畅潇洒，刀锋犀利，刀法利落，自然老到，刻划深浅有致，水波纹刻画细腻，纹饰变化多端，可见刻花的匠人技艺不凡。此盘古朴中见清秀，犹如一朵绽放的绿菊花，摇曳生姿。

▍北宋耀州窑鱼化龙纹菊瓣盘

> 玮瑜说瓷
>
> 花口：陶瓷口部形式之一，把陶瓷的器口分成若干等份，形成四瓣、五瓣、六瓣以至十多瓣的花瓣形状，称之为花口。又可分为葵口、菱花口、海棠式口等多种形式。

> 玮瑜说瓷
>
> 斜壁：陶瓷器皿的造型之一，指陶瓷器皿的外壁与底部平面有一定的倾斜角度，是为斜壁。如果是90度垂直的，则称之为直壁。

该盘平底，底心为玉璧型，底心刮胎，露出土黄胎色，质地密实，与明人曹昭《格古要论》中所言柴窑"多是粗黄土足"一致。而釉色则为耀

▎耀州窑鱼化龙纹菊瓣盘底部

州窑特有的那种青绿色，青中泛黄，明净淡雅。

耀州窑这种独特的釉色，主要是当地盛产燃煤而森林较少，所以用煤来烧窑，与南方其他窑口用柴木烧窑不一样。燃煤有火候短而火力强的特点，其产生的是氧化焰，燃烧充分，温度高。耀州瓷器的胎土原料又是缺少黏性的土壤，所以烧成的釉色就没有其他南方窑口那么青翠温润。

耀州窑烧制的器物以日常生活用具为主，而该盘为菊花造型，盘内刻花又为鱼化龙纹饰，造型独特，纹饰精美，刻工精湛，菊花与鱼龙似乎风马牛不相及，却能保持整体的和谐一致，为耀州窑少见的佳作。如此超卓，当非寻常用具，必是耀州窑鼎盛时期烧造。怪不得宋神宗时期在黄堡镇窑神庙前所立的《宋耀州太守阎公奏封德应侯之碑》说耀州窑"巧如范金，精比琢玉"。

耀州窑从五代时期开始流行压花口，到了北宋时期更为盛行，菊瓣盘的造型与宋代的审美是一致的。

全国重点文物保护单位耀州窑遗址（网络图片）

▍ 2020 年嘉德香港秋季拍卖会北宋耀州窑菊瓣盘拍卖现场

　　耀州窑为中国宋代北方重要产瓷区，以陕西省铜川黄堡镇窑为中心。因铜川旧称铜官，宋时属耀州，所以才叫耀州窑。

　　耀州瓷于唐代创烧、五代成熟、宋代鼎盛、金元延续，止于明代中期的 15 世纪末，有八百多年的连续烧造史。宋《清异录》《老学庵笔记》《清波杂志》《元丰九域志》，元《辍耕录》，明《耀州志》，清《耀州续志》《大清一统志》与《乾隆府厅州县图志》都对耀州窑有所记载。

　　耀州窑不仅烧造大量民用瓷器，在北宋神宗至徽宗约三十年间曾烧制过宫廷贡瓷。宋人王存《元丰九域志》卷三记"耀州华原郡上贡瓷器五十事"，《宋史》卷八十七《地理志》也有耀州贡瓷的记载。

　　这只宋代的菊瓣盘充分证明，后世成为一代名品的雍正十二色菊瓣盘，

▌冯玮瑜在故宫观看展览

其文化渊源可上溯于宋。而我藏有数只清代雍正十二色菊瓣盘，可以溯源至这只宋代耀州窑菊瓣盘，帮它们找到祖宗了。

在 2020 年 10 月 8 日的中国嘉德香港 2020 秋季拍卖会上，我就把这只耀州窑菊瓣盘拿下了。

竞得这只菊瓣盘不久，我飞到北京，到故宫看"千古风流人物——故宫博物院藏苏轼主题书画特展"。宋代是中国文人最向往的时代，文风鼎盛，千古风流。提到宋代文化，不能不提苏东坡，他是宋代文人的标志性人物。我到故宫看展，就是亲眼看看、亲身感受一代文豪的遗泽，更深入了解宋代的文化。

苏东坡有诗云："官事无穷何日了，菊花有信不吾欺。"他又在《赤壁赋》中说："寄蜉蝣于天地，渺沧海之一粟。"苏东坡崇尚自然，赞叹自然的雄奇秀丽，认为个人在广阔天地间只是渺小过客，与其没完没了地宦海浮沉，还不如相约秋色年年的菊花，凉风有信，秋月无边。

▌冯玮瑜藏 "刘藕生原作《大江东去》石湾陶塑"

　　文化的力量不仅会在观念上产生影响，也会在器物上留下印记。宋人推崇自然之美，观察自然界之物状，提炼其内在形与气，洗去其外在铅华，匠人把这种崇尚自然的文化带到了瓷器之上，把自然美升华成艺术美，使之成为风雅、浪漫、闲适、有趣的文化艺术，形成了宋瓷质朴纯净的风格。只此一只耀州窑菊瓣盘，便已窥见宋人对一叶一花的向往与心中寄意，怪不得宋代的男子会喜欢簪花，如后世的女子一般。

　　宋人吴自牧在其笔记《梦粱录》中记载："烧香点茶，挂画插花，四般闲事，不宜累家"，道出了宋代文人雅致的生活方式。

　　宋朝经济繁荣，文化艺术迅速发展，举国上下插花之风亦然盛行，瓷器上的各种花器的造型屡见不鲜，花卉图案更是数不胜数，而这只耀州窑盘以菊瓣来造型，虽然只是万千宋瓷的其中一样，却也是别出心裁，让人遥想千年之前的宋代，那种挂画插花的生活方式，那种思想和性情的深沉内敛，那种洁净素雅的艺术追求。

　　这只耀州窑菊瓣盘来源于日本最顶尖的古董商之一"壶中居美术店"，我在拙作《你所不知道的中国收藏》

▎冯玮瑜在日本东京壶中居美术店

日本冈田美术馆

一书中的"大道至简"一章中，已经介绍过"壶中居"了，感兴趣的朋友可以去查阅。

2013年10月，日本冈田美术馆开幕，展品中出现了很多顶级的中国古代官窑瓷器，全是收藏家们梦寐以求的臻品。而在此之前，几乎无人知晓这间冈田美术馆，更无人知道冈田美术馆竟藏有如此伟大的藏品！它的突然出现，简直令人震惊！

冈田美术馆由日本富豪"弹珠机大王"冈田和生先生创办。冈田是日本赌王，日本不允许赌博业经营，唯一许可的是街头弹珠机，日本所有弹珠机的生意基本都被冈田所垄断，由此积聚了巨额财富。

三十年前，当冈田准备建立自己的美术馆时，他分别找东京两大顶级

北宋耀州窑菊瓣盘和日本壶中居的包装木盒

的百年古董店——茧山龙泉堂和壶中居了解情况，并在两个店中各买了一件艺术品，仔细听取了两家店的收藏理念。

冈田分析了两家店的收藏理念，其中壶中居强调收藏艺术品要以极致的品质和惊人艺术性为根本的收藏理念，深深打动了冈田和生，最终他选中壶中居为他的冈田美术馆搜寻藏品。

在后来三十年左右的时间里，冈田几乎包下了整个壶中居，要求它为自己搜罗世间最为顶级的各类艺术品。每个月的最后一天，他都会准时去壶中居古董店，一掷千金买下全部，并且从不还价！一买就坚持了三十年之久。而壶中居在这三十年里也几乎没有对外出售任何一件唐代以后的艺术品。

怪不得我一位旅居日本多年的藏友胡泽瑞先生郁闷地说：每一年都会去壶中居，可从来没买到过一件东西！

2013年10月，冈田美术馆开幕的消息几乎惊动了整个日本的收藏界，凭着顶级的藏品，冈田美术馆一跃成为了日本前五大中国官窑收藏机构之一。

冈田的成功，其实背后的推手是古董商——壶中居！

而这只耀州窑菊瓣盘，来源正是壶中居。

这只耀州窑菊瓣盘曾入藏壶中居，也与日本人的品位有关。日本人的审美趣味崇尚深沉典雅、朴素大方，与欧美人华丽热烈、金碧辉煌之好大不相同。

市场上耀州窑瓷器过往不温不火，近来却不时有上佳表现，就在我竞得这只菊瓣盘后的一个月，在2020年北京保利拍卖秋季拍卖会上，一对耀州窑牛角杯拍出了518万元人民币成交价。

▌ 2020 年北京保利成交价为 518 万元的一对耀州窑牛角杯

人因物雅，物因人贵，经日本壶中居递藏的这只耀州窑菊瓣盘，来源固然极好，更难得的是不张扬，不声色，古朴单纯，散发出宋瓷的神韵。

眼前的这只耀州窑菊瓣盘，只有拙朴的外形，朴素的釉色，不显山不露水，不咄咄逼人，只是坦诚、安静地供宋人盛放瓜脯果实，它创造出一片空境，容纳了世人的心。

世间万物，愈朴素，愈动人。菊瓣盘散发着宋人的那种静美、深远，直抵世人内心深处的祥和，令人心生温暖美好。

耀州窑能成为宋代名窑之一，自有其不凡之处。故宫博物院研究馆员、器物部主任吕成龙老师在 2012 年"第二届中国柴窑文化高层论坛"学术研讨会的总结发言中说："与会专家一致认为：在众多柴窑说法中，唯有五代末北宋初耀州窑天青釉瓷器中的精品与文献中有关柴窑瓷器特征的描述相符合。"

这只耀州窑菊瓣盘会是传说中的柴窑吗？

一场冥冥之中的不期而遇，一场心有灵犀的约会，恰逢其时地到来。

与君初相识，犹如故人归。

# 何为藏品的大蓝筹：真、精、稀、特

"不赚价值增长以外的钱。"沃伦·巴菲特的黄金搭档查理·芒格谈到价值投资时表示，即使预测到金融危机将要发生，也不会通过做空市场赚钱。查理解释，从空头赚大钱，无非是让纳税人、政府为金融危机导致爆雷的资产买单，他不愿意赚这种钱。他们只做那些真正会对世界带来价值的投资，所以他们不会投资比特币、黄金。只有靠投资企业的内生价值来挣钱，才是正确的价值观。

要做成功的长期投资，就要选内在价值不断成长的"蓝筹"资产。在股票市场上，投资者把那些在其所属行业内占有重要支配性地位、业绩优良、成交活跃、红利优厚的大公司股票称为蓝筹股。"蓝筹"（Blue Chip）一词源于西方赌场。在西方赌场中，有三种颜色的筹码，其中蓝色筹码最为值钱，红色筹码次之，白色筹码最差。投资者借用这行话放在股票上，诚然，放在资产、收藏市场上也是同理。

收藏品中的大蓝筹与股票的标准类似，真品、精品论的是本身的价值，稀缺和具有代表性则是从市场认可程度来议；前者是基本面，后者影响身价的成长空间。就拿入藏的耀州窑鱼化龙纹菊瓣盘为例。耀州窑是宋代名窑之一，藏品来源于日本最顶尖的古董商之一"壶中居美术店"，可以最大限度地防止错收了赝品；在真、精的基础上，耀州窑特有的橄榄绿色釉，便是要符合"特"的特征，"特"就是特征明显，不用多说话，一眼看去就知道是耀州窑。

练就一眼识珠的本事不是一日之功，不要急于下手，更重要的是多看、多走、多听，有机会还要多上手亲身领略体会。看书是基础，还要多看权威机构举办的展览作为一个权威参考，从精品、真品中领悟出好在哪里。亲临现场就是要到窑址去，多了解当地陶瓷的发展状况，听取有经验的行业专家讲解，积累经验。拍卖场上也是积累实战经验的地方，特别是自己钟爱的器物类型，在现场才能把握市场的脉动。即使相中纳藏的拍品，还应该事前做研究规划、去现场上手了解，然后对这个器物的品相和价格等做综合的评分，再决定是否购买。考究藏品的流传历史也是一个重要的参照，如曾经被谁收藏过、在哪里入驻等历史。

股票有内幕，古董有故事。如果自己不去分析判断，这些内幕、故事就会成为毒药。总结而言，花大功夫多看、多走、多听、多体验，从鉴赏价值、收藏价值、历史价值、市场价值多个角度深入研究藏品，诸位成为收藏界的投资高手，就只剩下时间问题。

敦实如大地的脊梁，

深腹满载着时光，

温暖着每一处流浪。

东瀛漂泊身无定，说不彷徨，怎不彷徨！

天涯何处是故乡？

海角相逢，我携你回归汉邦。

你用黄釉书写皇家辉煌，

我看到历史的沧桑，

感受到岁月的绵长。

咏万历黄釉宫碗

## 第十篇

【秋风相送东瀛归】

一只贴签『黄南京中丼钵』

万历黄釉宫碗入藏记

藏品名称： 明万历黄釉宫碗

款识： 大明万历年制

尺寸： 口径18.2厘米

年代： 明万历

来源： 1.日本藏家旧藏

2.2019年5月29日 佳士得香港"重要中国瓷器及工艺精品" 编号：3153

展览： "东瀛遗珠——山中商会及日本旧藏工艺精品"北京 2021年6月3日 编号：61

著录： 《东瀛遗珠》北京工艺美术出版社 2020年1月 第166页、图61

**冯玮瑜藏瓷精选：**

　　此万历黄釉宫碗，深腹稳重，胎体厚重而不失灵动，浑厚敦实之中透露出一股不凡的皇家气度。碗内外色泽一致，黄釉温暖而明媚，令人赏心悦目。

一场突如其来的疫情，把一切计划都打乱了，因为封关，我滞留在香港很长一段时间。回广州后，想到在半年多前报关回国准备参加展览的那只万历黄釉碗，还滞留在北京，出关的期间已过了，便急忙发电邮去国家文物局问怎么处理。

原计划 2019 年底，"佳趣雅集"两年一期的展览又要举办了，负责筹备的金立言博士早早就叫我把那只万历黄釉碗带回国内参加展览，因为这次展览的主题就是"东瀛遗珠——山中商会及日本旧藏工艺精品"，这只黄釉碗无论从品质还是来源都符合展览要求。我算着日子，在展期临近前才报关入境，这样展览结束后可以报关出境了，因为按国家文物局的规定，报关进境的艺术品只能在境内驻留半年，否则就不能再出境了。本以为时间安排得好好的，哪知人算不如天算，一场突如其来的疫情，让一切都按下了暂停键。

> **玮瑜说瓷**
>
> 山中商会：二战前日本最大的古董商，整个恭王府历代积存的所有瓷器就是让山中商会一口价全部买下，然后拿到美国拍卖，当时拍品的精美和高价成交震惊了世界，也创了当时中国古瓷器成交价的最高纪录。二战后山中商会所有资产被美国政府作为"敌资"全部没收，包括纽约和伦敦的。

更麻烦的是，受疫情影响，公众活动受到限制，展览临时改期了，改到什么时候，可就没个准信了。展馆对各个展览是有排期的，一般一年前就定好展期。现在一闭馆，受影响的是一批展览，不只是我们一个。关键

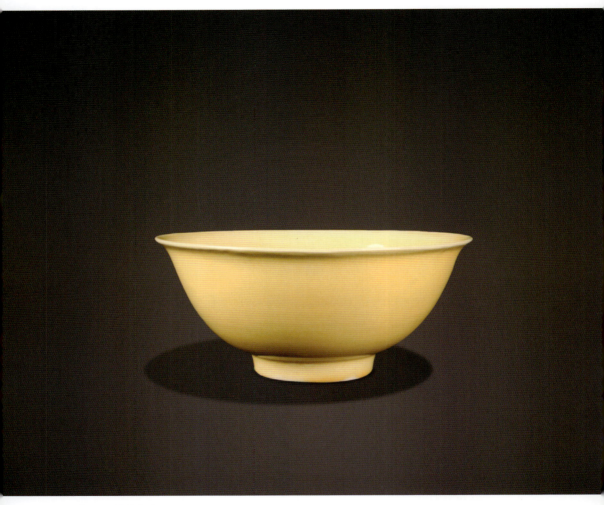

▍ 万历黄釉宫碗

是还不知道什么时候可重开，佳趣雅集的展览日期就一拖再拖，不知何日了。

这只黄釉碗是在 2019 年 5 月 29 日在佳士得香港"重要中国瓷器及工艺精品"专场入藏的，编号为 3153。那一季的拍卖，全黄釉的就只有这一只万历黄釉碗，拍卖时我就把它买下来了。

这只黄釉碗品相完美，釉色均匀，撇口深腹，胎体厚重，浑厚敦实，外底部青花双圈书"大明万历年制"楷体款识，是典型的万历御窑瓷器。其包装的木盒是日本式样，看得出是日本藏家旧藏，显得陈旧，应有一定的年份。木盒上有贴签"黄南京丼钵"日文字样，"黄南京"是什么意思呢？是藏家的名字吗？我一时弄不清楚。

佳士得春拍鸣金收兵不久，我来香港提货，碰巧佳趣雅集学术顾问金立言博士也来香港伊斯兰文化中心讲学，我们通了电话，约好一起在香港聚聚。

电话里金博士还问我，"佳士得春拍出了一只万历黄釉碗，是日本出来的，包装盒有贴签'黄南京中丼钵'，是非常好的一件东西，不知你有没有留意？"

我笑着告诉他："那只万历黄釉碗，已被我拿下了。"

金博士一听，非常高兴，嘱咐我聚会时要带上这只万历黄釉碗去让他欣赏。

冯玮瑜在预展现场上手万历黄釉宫碗

▌包装木盒上的"黄南京中丼钵"字样

▍金立言博士上手欣赏万历黄釉宫碗

　　我忽然想到，金博士是留学日本的，对遗留在日本的中国古瓷器研究特别深，他提到了"黄南京"，想必他是清楚的，正好向他请教。

　　我们约在香港的一家餐厅相聚。金博士拿着这只万历碗，边上手边赞赏不已，特别是对它的"日本"来历，特别感兴趣。他指着包装木盒上"黄南京"的字样说："那是日本对黄釉瓷器的称呼……"金博士说得口若悬河，滔滔不绝，毕竟是留日的博士，肚子里有的是学问。

　　听完金博士一大番宏论，我说："金博士研究得那么深，不如帮我为它写一篇论文吧，我们以后出书时也用得上。"

　　金博士愣了一下，又笑着答应下来。

　　不久就收到了金博士的论文大作：

## "黄南京"——流传于日本的景德镇黄釉瓷器（节选）

众所周知，邻国日本与中国的文化交流及贸易往来源远流长。遣唐使及遣唐僧将三彩陶器携带归国，直接影响了日本施釉陶器的制造，遂有奈良三彩的创烧成功。宋代以来，中国陶瓷也作为大宗的贸易商品远销世界各地，龙泉窑青瓷最受日本市场青睐。根据由宋入明的时期不同及青瓷釉色的差异，日本将龙泉青瓷分为"砧青瓷""天龙寺青瓷""七官青瓷"几大类，有数量庞大的传世品散落在公私收藏，其中的精品更作为日本的"国宝"及"重要文化财"登录在册。明代官窑，尤其是嘉靖及万历时期的器物在当时已经通过各种渠道漂洋过海，江户时代至今一直备受珍视。例如，京都本能寺的万历五彩大花觚成对流传于世，不仅在寺庙的财产目录上有明确记载，而且据木盒包装上的题签可知，这对五彩大花觚是茶屋商人中岛长右卫门在江户初期的正保二年（1645）捐赠给该寺的佛堂供器。顺带一提，近代的著名作家志贺直哉（1883—1971）的小说《万历赤绘》就是以此对五彩大花觚作为小说题目撰写而成，至今多次再版，在文化界影响深远。

大约始自明末清初，也就是江户初期，日本开始出现"南京烧"一词用于泛指景德镇的瓷器。南京是明国的首都，其实就是中国的意思，所以，"南京豆"指花生，"南京锭"指锁头，都是源自中国的舶来品，这些词汇在现代日语中依然使用。如前所述，"南京烧"泛指景德镇瓷器，其中"南京染付"指的是明末清初的青花瓷器，经常见到有如此内容的墨书题记出现在颇有年份的木盒包装上。另外，"南京赤绘"专指十七世纪的五彩瓷器。此类器物造型各异，人物花鸟，山水景物等题材丰富多彩，画意洒脱生动，不拘一格。其实，青花及五彩之外，数量颇多的单色釉瓷器在此时期也大量销往日本，其中最为常见的是内外蓝釉的刻龙纹碗，在日本称为"琉璃釉丼"。此类碗的特征是施有酱口，器底无釉，满涂铁浆，呈现巧克力颜色，外壁多刻划四爪龙纹，端正美观。值得注意的是，国内多家机构也有同类收藏，普遍误订为嘉靖"回青釉"加以介绍并刊载于图录。同一时期，外销日本市场的还有一系列黄釉瓷器，著名作品如现藏瑞士 BAUR 美术馆的黄釉刻花鸟纹碗。"黄南京"一词应运而生，日文发音朗朗上口，广为流布。其后，不分官窑民窑，日本的陶瓷收藏鉴赏界约定俗成地将所有景德镇的黄釉瓷器统称为"黄南京"，至今依然保留着这一称呼习惯。

自得堂收藏的黄釉瓷器系列中，也有多件器物源自东瀛旧藏，包括正德撇口盘、嘉靖仰钟杯、万历对盘、万历撇口碗、清中期龙纹水洗，件件质量精良，可圈可点。其中，万历撇口碗内外色泽均匀，黄釉鲜嫩可人，"大明万历年制"青花六字楷书款遒劲有力，外加双圈，系典型的官窑上品。尤其值得注意的是，该器的日本木盒包装古色古香，上有贴签"黄南京中丼钵"，墨书清晰可辨，反映了黄釉瓷器流传于日本传承收藏的历史轨迹，颇可玩味。

"黄南京中丼钵"原来是这么一回事，又长知识了。金博士的大作将这只万历黄釉碗包装盒的"黄南京中丼钵"签铭解说得一清二楚。文中金博士评价这只万历黄釉碗为"典型的官窑上品"，极为中肯。

万历在位四十八年，是明朝在位最长的皇帝，御瓷存世不少，黄釉御瓷也不时在拍卖场上见到，但釉色、品相俱佳者，并不多见。此碗当为上品之器。

在中国上下五千年的历史长河中，经历了很多王朝，有明主，当然也有昏君。他们有的勤政爱民，善于治国，有的则沉迷酒色，残暴不仁。但是，像明朝万历皇帝那样，做了四十八年皇帝，却有三十年时间不上朝，可谓前无古人，后无来者。但不上朝不等于不理政，万历虽然不上朝，每天仍在处理国事，权柄仍牢牢地掌握在自己手里。

在明朝中后期，文官制度日益成熟，势力更是越来越大，这让原本皇权与相权之间的较量演变成了皇帝与文官集团的较量。

所谓的三十年不上朝，一切由万历十七年（1589）作为起点。

万历十七年正月初一，按礼仪应该举行"元旦大朝会"，万历皇帝应该坐在金殿上接受众臣的朝贺，但他传旨免了朝会，只是给重臣赐下美酒佳肴。

虽然早在万历十四年（1586）后，万历帝就开始有推说身体原因不上朝的举动。但这次大臣们以为这次是特殊事件，特意进宫去给皇帝磕头拜年，并关心了他的身体。此时的大臣们还不知道，未来将近三十年里，皇帝不会再上朝了。

万历再不出内宫、不上朝，从此任何应该出现的重要场合他都不出现，只是"遣官恭代"。

万历皇帝像

即使影响深远的"万历三大征"，朝鲜、宁夏、播州三场大规模战争，万历皇帝也是不出宫门，不咨询大臣们意见，而是通过"谕旨"指挥并取得胜利，真正的"运筹帷幄之中，决胜千里之外"。对大臣们希望用"召对"这种形式和皇帝面对面交流商量国家大事，万历皇帝统统拒绝了。

所谓"谕旨"，就是皇帝下达的诏书，是最终决定，一般是跟大臣商议之后做出的，但万历皇帝没有这样做，而是直接下达谕旨做出决定，让大臣们照办就行。

通过谕旨直接决策的一个显而易见的好处就是，万历帝既不用通过召对的方式与大臣们面对面商讨国事，从而被大臣们逼迫；也不用通过"票拟"和"批红"的方式来听取和回复大臣们的意见和建议，他成为唯一的决策者，没有人能反驳他，所有人都变成了执行者。

当然了，谕旨的坏处也很明显，那就是万历帝的想法是对的也就罢了，但如果是错的，就没有人帮他指出来了，这样就会造成很严重的后果。

长达近三十年不上朝的万历帝不但没有被架空，反倒通过单方面下达谕旨，将内阁和阉党都完全给架空了，大权独揽。

万历皇帝不上朝还没被架空，并不是一件值得炫耀的事情，从某种角度而言这是大明王朝的悲哀，因为有志之士发不上力，大臣们只能干瞪眼。万历皇帝因此错失了太多纠正错误、中兴国家的机会，导致后面的崇祯皇帝即使殚精竭虑仍然身死国灭，所以有史家说大明之亡就亡在他手上，也并非没有道理。

万历帝近三十年不上朝的起因是什么？众说纷纭，有身体健康说，也有"国本之争"一说。万历帝想立他宠爱的郑贵妃所生的皇三子为太子，而大臣们根据礼法祖制坚决拥护皇长子。君臣斗了十几年，万历帝斗得心力交瘁，疲惫不堪，竟然还没斗赢。一气之下，退回了内宫，不再上朝。

斗赢皇帝？明朝文臣真的那么厉害吗？是的，明朝的大臣跟清朝一律自称"奴才"不一样，他们是有风骨、敢斗争的。虽然明朝有打屁股的"廷杖"刑罚，但大臣不会像清朝那样一言不合就被皇帝"咔嚓"掉，"海瑞骂皇帝"才能在这样的时代背景下产生。

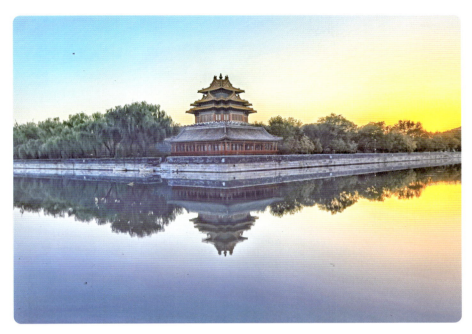

故宫角楼

    明朝推行言官制度，言论自由，群臣可以畅所欲言，无论是关乎朝政，还是后宫之事，连辱骂皇帝的情况都有，总之，你有啥想法，都可以大胆地说出来。这种进谏，可能会得到一些好的意见，但是，也有很多是捕风捉影、道听途说、危言耸听。

    当时的官场风气，以敢骂、敢直接骂、敢毫不留情地骂皇帝为荣，以证明自己道德高尚，敢于犯颜直谏，是刚直清流。自然，对立面的皇帝不知不觉成为"昏君"。万历皇帝发现，无论你做什么，那些言官总要抬儿杠，喷儿口。不仅自己的政治抱负得不到满足，甚至，连自己的决策和意见，还会遭到群臣的抵制或辱骂，甚至连自己宠幸郑贵妃多些，都被群臣攻击为"雨露不均"，最终，陷入了一个无休止的口水战之中。

除了嘉靖朝"海瑞骂皇帝"外，万历皇帝被骂得更多。《明实录》记载万历年间一件事：大理寺评事雒于仁听闻皇帝总说自己身体有病不上朝，便针对皇帝的"病"，上了封《酒色财气四箴疏》，抨击皇帝的病来自酒色财气。说万历喜欢酗酒，"昕夕不辍，心志内懵"；还说万历爱好男色，"妃嫔在侧，夫何幸十俊而开偏门（宠爱十个长相俊美的小太监）"；富有四海了，还贪财，派太监担任矿监税使，回来没弄到钱的，就"拷索宦官，得银则喜，无银则怒而加杖"；还残暴，"今日杖宫女，明日杖宦官……而不计其数，竟毙于杖下。"

雒于仁奏疏言词很犀利，句句挤对皇帝。这哪是进谏，简直是指着鼻子大骂。被臣下直接上奏疏骂自己懵懂、好色（还好男色）、贪婪、残暴……简直就是一个五毒俱全的皇帝。这赤裸裸的人身攻击，当即把万历皇帝气到发昏！

于是立即召来首辅申时行，内阁辅臣许国、王锡爵、王家屏等人，要严惩雒于仁。

万历帝首先说："朕之疾已痼矣！"刚见面就向重臣们叫苦，说自己得了重病，将要不治。

申时行等人忙说："皇上春秋鼎盛，神气充盈，但能加意调摄，自然勿药有喜，不必过虑。"意思是您身体好着呢，调养一番就更好了，不必过于担心。

万历帝说："朕昨年为心肝二经之火，时常举发，头目眩晕，胸膈胀满，近调理稍可，又为雒于仁奏本肆口妄言，触起朕怒，以致肝火复发，至今未愈。"说自己本来就重病在身，现在更被雒于仁气得复发了。要给雒于仁扣一口黑锅。

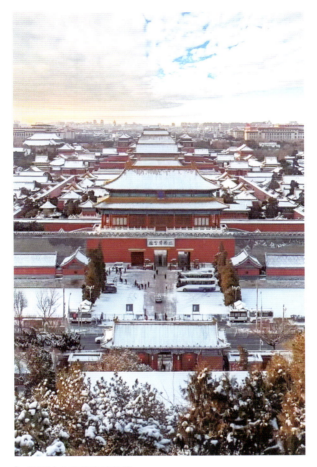

雪后的北京故宫博物院

明朝的文官，可不像清朝那么唯唯诺诺，皇帝说啥就是啥的。

申时行等人忙说："圣躬关系最重，无知小臣狂戆轻率，不足以动圣意。"陛下息怒，您的身体最重要，犯不着为这种无知小臣动怒伤身。

万历帝把雒于仁的奏疏递给申时行："先生们看这本，说朕酒色财气，试为朕一评！"先生们，你们来看看雒于仁这本奏疏，他说我是酒色财气

故宫一角

之徒，我不是！我没有！你们给我评评理！

"先生"是明朝皇帝对内阁重臣的称呼，有尊重之意。

申时行等人忙着看奏疏，没回皇帝的话。

万历帝接着又发了一大通牢骚，辩解一番，最后说："我不受这气！先生们去票拟重处这雒于仁！"

等万历帝为自己辩解完，申时行等人也看完了这奏疏。申时行是嘉靖四十一年（1562）的状元，万历帝的老师，内阁首辅，情商极高。他内心认为奏疏深有道理，决意保下雒于仁，便说道："此无知小臣误听道路之言，轻率渎奏！"这是无知小臣道听途说，没经过考虑就上奏疏。

万历帝还在发怒："他这是出位沽名。"意思是他就是想要沽名钓誉，妄想踩着君王为自己获得好名声！

申时行何等聪明，马上接话："他既是沽名，皇上若重处之，适成其名，反损皇上圣德，唯宽容不较，乃见圣德之盛！"意思是，他既然是为了沽名，那么如果皇上从重处罚不就等于成全了他？反而有损您的圣德，只有宽容不计较，才能显出您的高贵品格。

万历帝被噎得直瞪白眼，沉吟说道："这也说的是，倒不是损了朕德，却损了朕度！"你们说的也有道理。我倒不是怕损了我的圣德，而是怕损了我的度量。

申时行等一听，立即接着又说："皇上圣度如天地，何所不容。"您的心胸如同天地般广阔，有什么容不下的！

万历帝被挤对得无话可说，只得勉强接受了这种说法，但心中还是非常生气，又把奏疏塞回给申时行等人，让他们再看一遍，好感受他的愤怒。

申时行等人不得不接过奏疏又看了一遍，他们看着的时候，万历帝越想越怒，连声道："朕气他不过，必须重处！"不行，不能这样便宜他，必须重重惩罚他！

申时行赶紧说："此本原是轻信讹传，若票拟处分，传之四方，反以为实。臣等愚见，皇上宜照旧留中，为是容臣，等载之史书，传之万世，使万世颂皇上为尧舜之君。"意思是，这奏疏本来是轻信讹传的，毫无根据，但要是让内阁票拟处分，事情就会传扬开来，说不定有些无知小民信了他的话，以为您真是那样的人，反而不美。建议您把奏疏留中不发，显示您容臣的气量，以后记载在史书上，传之于万世，后人都会称颂您为尧舜之君。

能当状元、帝师、首辅的人，说话处事的方式方法就是高明。这番话非常中听，万历帝被安抚下来，但还是有点气，道："如何设法处他？"

意思是我堂堂皇帝，难道就拿他没办法了吗？你们帮我想办法处置他。

申时行等说道："此本既不可发出，亦无他法处之，还望皇上宽宥，臣等传语本寺堂官，使之去任，可也！"这意思是，奏本既然不发出去，就无法通过内阁处理他，请您见谅。但我可以知会他的上司，让他离职回乡。

万历帝不得已才罢休，又抓着重臣们诉说了一番他的不容易，主要意思是：他不是不想上朝，就是身体太差，整天头晕眼花腰痛脚软，走路都没力气，实在是心有余而力不足啊！

阁臣们心里当然认为雒于仁说得对，但表面上，则万分诚恳地表示了对皇帝的理解。

结果雒于仁并没有被下狱，而是暴得大名，拿着一笔丰盛的退休金辞官回家，逍逍遥遥安享晚年。而万历皇帝不管有没有做过，"酒色财气"的污点却永远被人记住了。

怎么算，都是万历皇帝吃瘪了！

万历帝自幼聪明，又受张居正、申时行教导多年，怎会不明白个中奥秘，被臣下这样上书辱骂，竟无可奈何，可见明朝的文官制度是多么厉害。乃至于崇祯皇帝自杀殉国时发出"文臣皆可杀"的悲叹。

榜样的力量是无穷的，后面跟着上书进行无端谩骂的官员更是络绎不绝，有批评皇帝不作为的，有批评皇帝不上朝的，还有批评皇帝什么什么的……在文官集团的口诛笔伐中，万历被骂得没了脾气，不再理睬了，连处分都懒得给了。

皇帝一个人，怎么也干不过抱团打群架的文官集团，老是被"群体围殴"。既然玩不过你们，就不跟你们玩了。懒得跟你们见面被你们当着面来骂，也懒得听你们叽叽歪歪说这说那，你们按我批复的"谕旨"照办得了。

从此，万历皇帝不再上朝，直至驾崩。

万历皇帝可没想到，他在生时长达三十年不上朝，不想见他的臣民，也不让臣民见到他。几百年后，他的陵墓"定陵"会被人挖掘，他被人剥光衣服看个底朝天，还被光着身子游街批斗给路人看，尸骨最后被人一把火给烧成灰烬——这是后话了。

独自莫凭栏，无限江山。

万历虽然不上朝，而御窑瓷器还是要使用的，该烧造的还在烧造，不过，皇帝怠政，中央政府运转不畅，在管理不严的情况下，御瓷的质量自然下降。

世皆公认：黄釉御瓷以弘治最佳。万历黄釉御瓷其实与弘治已有不少差距，其胎体不似弘治那么轻薄精巧，釉色也显得深老，总有那种老气消

《东瀛遗珠——山中商会及日本旧藏名窑瓷器》著录本万历黄釉宫碗

"东瀛遗珠——山中商会及日本旧藏工艺精品"展览现场 冯玮瑜向日本 NHK 电视台采访人员介绍万历黄釉宫碗

"东瀛遗珠——山中商会及日本旧藏工艺精品"展览现场 王刚老师欣赏万历黄釉宫碗

沉的感觉。瓷器反映的是时代气象，从弘治与万历的黄釉碗对比，就知道两朝气势不一样，怪不得《明史·神宗本纪》中指出，"明之亡，实亡于神宗"。

我刚回到广州几天，金博士主编的《东瀛遗珠——山中商会及日本旧藏名窑瓷器》一函二册就寄到了，翻开这本书的第 166 页，这只"黄南京"万历黄釉碗赫然在目，它被收录到书里，毕竟是一件"日本旧藏名窑瓷器"。它又多了一个著录，按行内话，它又多了一个"出身"。

没有拍场上一掷千金、力压群雄的激情，没有荡气回肠、起死回生的桥段，没有四海漂泊、月下重逢的故事，一切的一切，都是顺其自然，这只万历黄釉碗就这样成为自得堂藏品的一员，入藏、展览、著录、上纪录片……都是水到渠成。

2021 年 6 月 3 日，佳趣雅集的年度展览"东瀛遗珠——山中商会及日本旧藏工艺精品"在北京隆重开幕，作为展品之一的这只万历黄釉碗登场亮相，灯光下那闪亮闪亮的黄釉，璀璨夺目，熠熠生辉，引人注目。日本 NHK（日本广播协会）电视台也来到现场拍摄采访报道，其中也选择了这只万历黄釉碗作介绍。著名表演艺术家、收藏家王刚老师也被它吸引住了，驻足细看。

珍惜所有的不期而遇，看淡所有的悲欢离合。区区聚散，哪怕天涯，终有一迹可寻，足以慰心。

一念放下，万般从容。

玮 / 瑜 / 说

# 收藏与理财

# 流传有绪是藏界"金手指"吗？

真假难辨，向来是收藏理财的最大风险，比盈亏更重要的是远离骗局，守住本金。

投资上遇到本金不保的大体有两个原因。

一是吃了信息不对称的亏，对市场环境变化反应滞后，投资的资产由"好"变"坏"。就如2022年俄乌冲突爆发，美国持续加息，全球尤其是欧洲房产价值持续下降，就连"全球私募之王"的黑石集团也频频踩到房地产的坑，2023年一笔5.62亿美元的投向芬兰写字楼和商业项目的商业地产抵押贷款支持证券（CMBS）发生违约。

另一个是听信假消息，把李鬼错当李逵。曾宣称资管规模近万亿的"中植系"2024年初被北京市公安局朝阳分局以涉嫌违法犯罪立案侦查，旗下超过4200亿元的理财产品兑付黑洞，就不再是投资失败的理由能搪塞过去的。

爆款电视剧《繁花》带动了与剧中情节、人物沾边的"繁花概念股"走出一波热炒行情。剧中遭遇疯狂阻击战的服饰公司，原型就是当初的上市公司时装股份，如今更名为新华传媒。电视剧热播期间，新华传媒两度涨停上演"五天三板"，但风潮不到一周褪去只剩下追高被套牢的股民无奈嗟叹。追热点听消息炒股票为什么90%的人都亏钱，因为对所购买股票公司的财务情况、业务发展、行业发展前景一无所知，单纯听说企业的业绩、消息，抱着追风的心态买股票，稍有不慎就当"韭菜"了。

推此及彼，藏品的信息、来源也要仔细甄别，借助递传信息作为辅助辨别真伪的工具，等同为自己的投资上道保险。

刚入门的藏友眼力不够，又想买些好东西，可以在拍卖会上选择流传有绪的藏品，每个阶段的经历都有据可考、有文可依，不容易"打眼""吃药"。"流传有绪"是海外拍卖行重视的藏品保真依据之一。一件文物藏品是某博物馆或大藏家早年收藏的，或早年在国家指定的文物商店购买的（发票为证），或早些年在国外某拍卖行拍卖过，在拍卖图录上有明确记录的等。如果藏品历经多位大藏家之手，每多一个收藏标签，藏品的含金量和身价就多了一份背书。

出版著录和展览记录也是一个重要的参考因素，因为一般做展览，都会挑选精品，如果一件艺术品有过多次展览记录，就可以推定该件藏品的艺术价值和代表性。

为降低"打眼"的风险，应将递传信息纳为入藏的参考指标。纳藏标签越多，拍卖市场上的定价也会更坚挺，这是拍卖行看重递传信息的原因之一。"流传有绪"只是一个依据，不可依赖。收藏求真只是乐趣的第一层，还有对知识和眼力的挑战，鉴赏藏品有延承历史、体会时代更迭故事与时间韵味的意义和作用。

冯玮瑜在天坛

# 后 记

冯玮瑜

　　每每有读者问我：为什么"冯玮瑜亲历收藏"系列丛书里新的一本总是迟迟没见到？想追着看等得太久了。

　　谢谢读者的关心！

　　自从《时间的玫瑰》发行后，读者们纷纷表扬说：故事更精彩，而且书本无论是封面还是版面的设计，都越来越好。

　　读者的表扬，就是我写作的动力，也是我要做好自己系列书的压力。要延续前三本的风格，又要不断地提升，没有最好，只有更好，所以我更多地考虑下一本如何提高质量，如何更好地表达自己的观点，方能不辜负读者们。所花费更多的时间是用在这里。

　　其实我一直写作不辍，现在即将出版的《不寻常的邂逅：玮瑜说收藏》系列丛书，既可以视同"冯玮瑜亲历收藏"的第 4 本，也可以是新一个系列"玮瑜说收藏"的开始。希望读者们能喜欢。

　　感谢为本书撰写序言的景德镇陶瓷大学曹建文教授。

　　认识曹教授已十多年了，十多年前一天中午，我在朋友的引领下到景德镇陶瓷大学去拜访曹教授，在他的工作室里收藏有很多景德镇出土的瓷器标本，这是他花了不少心血和精力搜集的，既作教学也作研究之用。我们随意上手标本，边看边谈。曹教授笑容满脸，声音洪亮，其远见卓识，让人印象深刻。

曹教授是博士生导师，桃李满门，他带出来的学生在多间大学、文博单位担任要职，有的博士学生已经成长为重点大学里的博士生导师了。我们都笑称他不但当了"师公"，还带出了一支"曹家军"。

不知不觉间，已十多年矣。我们往来不断，我在景德镇中国陶瓷博物馆做"黄承天德——明清御窑黄釉瓷器珍品展"时，曹教授还是被博物馆专门聘请来鉴定的专家之一。

文博界都知道曹教授收藏有一片"明洪武黄釉刻龙纹盘"瓷片，因为不少专家在论文里引用。那是存世罕见的洪武黄釉标准件，是在1997年3月出土于景德镇御窑器厂大门正对面（珠山中路南侧）的跃进广场大楼基建工地，是曹教授在工地上采集的。这块瓷片的出土，解决了专家们一直争议的"黄釉御瓷到底是洪武年创烧的，还是到永乐年间才有？"这片瓷片实物的出土解决了断代的争议。曹老师的发现及考证论文一经问世，立即轰动学术界，并为很多专家所信服并引用。

我是成系统地收藏黄釉瓷器的，对这样一件在黄釉瓷器史上有着重要地位的标本非常喜爱，老是动员曹教授割爱转让给我。曹教授说："世上只有那么一件，我要做研究的，而且不少人过来专门要看这件标本，我没有了别人不就白跑一趟了吗？"他老是不愿意转让。每一次见到他，我就嘀咕此事，软磨硬泡，"泥他沽酒拔金钗"，曹教授只得"谢公最小偏怜女"，终于就把那片洪武黄釉瓷片分了一半无偿送给我，一人持有一半，皆大欢喜。

感谢曹教授一直以来的支持和帮助！感谢曹教授为本书作序！

同样要感谢为本书撰写序言的著名收藏家陈圣泓教授！

陈圣泓教授是著名的城市规划设计师，于 1992 年在加拿大创办"加拿大巩原设计机构"，1998 年进入中国市场，在广州、深圳、江苏、昆明、青岛等地设有分支机构，从事城市公共空间、文化建筑、风景园林的规划设计工作，成功为国内数十个城市、风景区、大型建筑物设计规划方案，多次获奖。陈教授是筑原设计机构总裁兼首席设计师，是海内外多间大学的客座教授，有多篇学术论文发表及多部学术专著出版。早在 2008 年就接受了中央电视台《人物》栏目专访。陈教授不仅在设计领域成绩骄人，在艺术品收藏领域更是大放异彩，是赫赫有名的大藏家。

陈教授学养深厚，风度儒雅，他虽然是海外华人，但对中国传统文化非常热爱，是中国书画类别的收藏大家。他活跃于国内外的拍卖活动和文化活动，其藏品丰富，还经常把藏品借给国内外的展览。

由于共同的爱好，我们互引为同道中人。他每次回国，我们总会相聚，谈谈各自近期的收藏所得及生活中的趣事逸事，每到得意之处，抚掌大笑，不亦乐乎。

有一次，我和陈教授一起吃晚饭，陈教授侃侃而谈，由弘一法师谈到星云大师。陈教授沾沾自喜地说，他近日收藏了星云大师的四幅字帖，非常好，并命人立即拿过来，现场打开共同鉴赏。星云大师的墨迹虽然不似弘一大师那样褪尽人间烟火气，但到底是高僧大德的墨宝，自有一番佛门气象，而且星云大师已经西去，再难寻觅。我一边仔细观赏，一边点头赞好。陈教授说："既然你真心喜欢，不如分二张给你，以飨同好？"

"好的，谢谢！"君子一言，快马一鞭，我即时转账给他。回家后就在自家佛堂里挂起来，珠联璧合，心中安乐。

感谢陈教授在加拿大百忙之中抽空为本书作序！

还要感谢广东人民出版社黄洁华率领的本书责编团队！因为你们带来新的意识、新的思维、新思想碰撞和新的版面设计，使得本书以更好的品质来回报读者。谢谢你们！

# 冯玮瑜小传

    400 多场财经、艺术、文化讲学，足迹遍及内地和港澳地区；

    15 次被邀参加大型艺术展览，其作品独特的艺术风格和深刻的文化内涵，受到了艺术界的高度评价。

    7 次大型个人专题收藏展览，包括国家一级博物馆和著名艺术机构以及港澳大型展馆。

    9 部专著在国内外出版发行，屡获好评。

    ……

    这样的成绩简直让人目眩，没想到竟是眼前这位巧笑嫣然、美目流盼的年轻女子十二年间的"小小成果"。她那谈笑间英气果决的气概，照映坐人，见者难忘。

    ——她就是冯玮瑜。


生于广州西关，长于广州东山，冯玮瑜是地地道道的广州人。

广州西关在清末民初是富商聚居地，是广州最繁华的地方。西关是广府文化的发源地（包括粤剧的发源地）。自小生活在西关的冯玮瑜受到岭南文化熏陶，如细雨润无声地滋润到心田。

她崇尚艺术，喜好写作，早在高中时玮瑜已代表学校参加广州市中学生现场作文比赛并拿到广州市高中组一等奖第一名，妥妥的小才女。

工作繁忙，晨昏轮转，并没有泯灭她心里的艺术细胞。好雨知时节，当春乃发生。进入艺术领域后，无论是写作、艺术创作还是收藏，她立意高远：我的艺术之路一定要成体系地建立，决不是随性而为。

她不走寻常路，她说："我的艺术之路决不是从低向高，步步为营，拾级而上。我起点就要高屋建瓴，一览众山小，极目楚天舒。"

她又说："每一个自认为囊中藏锥的人，都渴望有朝一日脱颖而出小试锋芒，而不是耗费心血多年后仅仅为藏品增值，我应该要有更高的追求，应该为后来者垒起一个新台阶。"

并非大言滔天，而是襟怀四海，学富志不群。

我们见到，她著写的"冯玮瑜亲历收藏"系列丛书接二连三面世，所见之美，所感之深，见识之高颖，深受读者喜爱。这些著作不仅展示了她在文学创作方面的优秀才华，也是表达了对中华优秀传统文化的深沉热爱，更体现了她在艺术、历史和文化方面的卓越见识。

她编著或参与出版的学术书籍《自得堂藏陶》《五色祥云》《御案存珍》《黄承天德》，不但蕴含珍贵的学术资料和重要论文，更为某些门类学术研究提供了鉴定标准，因而成为业界的学习书、参考书、工具书，也让后面的学术研究可以站在她的肩膀上继续前进。而她，正是那个乐于为别人垫起台阶的人。

12 年里 400 多场讲座，一音演畅，传无尽灯。

22 场不同的展览，不仅展示了她的艺术才华和收藏品位，也为公众提供了学习和欣赏传统文化以至当代艺术的机会。

9 部专著，图文并茂，廓清疑惑，高论良当，使读者富其眼界，明其心境，知其言更知其所以言。

红尘无尽，只有文化的传承，才能生生不息。十年踪迹十年心，赓续文脉，非仅说说而已，冯玮瑜坐言起行，日复一日，功不唐捐。

林小玲

广东人民出版社副社长

2023 年 5 月